# Biskuit Rollen

Dr. Oetker

# Biskuit Rollen

Dr. Oetker

Dr. Oetker Verlag

# VORWORT

Zitronen-Sahne-Rollen kennen Sie aus jeder guten Konditorei und vom Sonntagskaffee. Aber darf's auch mal ein bisschen schicker oder einfach anders sein? Es gibt so viele Möglichkeiten, die schlichte Rolle immer wieder anders zuzubereiten. Sei es der Teig, die Füllung oder die Dekoration – klein und groß darf es auch sein.

Beim Hofkonditor gibt es die Biskuitrolle mit Kastaniencreme – im Norden eher unbekannt – da kennt man die Welfencreme, die hier mal in der Rolle präsentiert wird.

Oder mal ganz trendy? Hugo kann man auch als Rolle essen! Die Schoko-Karamell-Fleur-de-Sel-Rolle ist eine sensationelle Kombination, ebenso wie die Orangen-Ziegenfrischkäse-Rolle oder die karamellisierte Birnenrolle mit Thymian.

Nehmen Sie auch die kleinen und großen Kinder mit auf die Rolle: Träume werden wahr mit der Froschkönig-Rolle, der „Süßen-Speck"-Rolle oder auch der Tigerrolle. Klein und fein sind süße Sushi-Röllchen, Weißweinröllchen und fruchtige Zwergenröllchen.

Wir haben alle Rezepte für Sie ausprobiert und so beschrieben, dass Sie Ihnen gut gelingen.

# Möhren-Biskuitrolle 16 Stücke

**PRO STÜCK:** E: 3 g, F: 10 g, Kh: 22 g, kJ: 826, kcal: 197, BE: 2,0
**ZUBEREITUNGSZEIT:** 45 Minuten, ohne Kühlzeit
**BACKZEIT:** 8–10 Minuten

**ZUM VORBEREITEN:**

**3–4** große Möhren
**150 g** Aprikosenkonfitüre
**2 EL** Orangensaft

**FÜR DEN BISKUITTEIG:**

**4** Eier (Größe M)
**1** Eigelb (Größe M)
**80 g** Zucker
**100 g** Weizenmehl
**½ gestr. TL** Dr. Oetker Backin
**20 g** abgezogene, gem. Mandeln

**FÜR DIE FÜLLUNG:**

**400 g** Schlagsahne (mind. 30 % Fett)
**2 Pck.** Sahnesteif
**1 Pck.** Dr. Oetker Vanillin-Zucker

**ZUM BESTREICHEN:**

**etwa 2 EL** Aprikosenkonfitüre

1. Zum Vorbereiten Möhren putzen, schälen, abspülen, abtropfen lassen. Von 1–2 Möhren mit einem Sparschäler hauchdünne Streifen für den Teigbelag abziehen (etwa 35 g). Restliche Möhren fein raspeln und 175 g für die Füllung abwiegen. Möhrenraspel mit Konfitüre und Orangensaft zum Kochen bringen, etwa 5 Minuten weich kochen. Die Masse leicht pürieren und erkalten lassen.

2. Ein Backblech (30 x 40 cm) leicht fetten, mit Backpapier belegen. Das Backpapier an der schrägen Seite des Backblechs so zu einer Falte knicken, dass ein Rand entsteht.

3. Den Backofen vorheizen.
Ober-/Unterhitze: etwa 200 °C, Heißluft: etwa 180 °C

4. Für den Teig Eier und Eigelb mit einem Mixer (Rührstäbe) auf höchster Stufe in 1 Minute schaumig schlagen. Zucker in 1 Minute unter Rühren einstreuen, dann noch weitere 2 Minuten schlagen. Mehl mit Backpulver und Mandeln mischen, auf die Eiercreme geben und kurz auf niedrigster Stufe unterrühren. Den Teig auf dem Backblech glatt verstreichen, Möhrenstreifen auf dem Teig verteilen. Das Backblech in den vorgeheizten Backofen schieben. Die Biskuitplatte **8–10 Minuten backen.**

5. Die Biskuitplatte vom Backblechrand lösen, sofort auf ein mit Zucker bestreutes Backpapier stürzen und mit dem mitgebackenen Backpapier erkalten lassen.

6. Für die Füllung Sahne mit Sahnesteif und Vanillin-Zucker steif schlagen. 3 Esslöffel davon in einen Spritzbeutel mit glatter Tülle (Ø ½ cm) füllen, in den Kühlschrank legen. Unter die restliche Sahne die Möhren-Konfitüren-Masse heben.

7. Von der Biskuitplatte mitgebackenes Backpapier vorsichtig abziehen. Möhrensahne auf der Biskuitplatte verstreichen. Die Platte mithilfe des Backpapiers von der langen Seite aus aufrollen. Rolle mit der Sahne aus dem Spritzbeutel verzieren.

Die Möhren-Biskuitrolle zugedeckt etwa 1 ½ Stunden in den Kühlschrank stellen.

**8.** Zum Bestreichen die Konfitüre erhitzen. Die Möhrenstreifen damit bestreichen, etwas abkühlen lassen.

# Cassis-Schokoladen-Rolle etwa 16 Stücke

**PRO STÜCK:** E: 4 g, F: 14 g, Kh: 30 g, kJ: 1156, kcal: 277, BE: 2,5
**ZUBEREITUNGSZEIT:** 40 Minuten, ohne Kühlzeit
**BACKZEIT:** etwa 12 Minuten

**FÜR DEN BISKUITTEIG:**
**4** Eier (Größe M)
**5 EL** heiße Milch
**100 g** Zucker
**75 g** Weizenmehl
**1 Pck.** Gala Schokoladen-Pudding-Pulver
**1 gestr. TL** Dr. Oetker Backin

**FÜLLUNG I:**
**100 g** schwarze Johannisbeerkonfitüre
**150 g** TK-Heidelbeeren
**20 g** Speisestärke
**1 EL** Wasser
**1 TL** Zucker
**100 ml** Cassis-Likör

**FÜLLUNG II:**
**200 g** Zartbitter-Kuvertüre
**400 g** Schlagsahne (mind. 30 % Fett)
**1 TL** Zucker
**2 Pck.** Sahnesteif

**ZUM BESTREUEN:**
**etwa 30 g** geraspelte Vollmilch- oder Zartbitterschokolade

**1.** Ein Backblech (30 x 40 cm) leicht fetten und mit Backpapier belegen. Das Backpapier an der schrägen Seite des Backblechs so zu einer Falte knicken, dass ein Rand entsteht.

**2.** Den Backofen vorheizen.
Ober-/Unterhitze: etwa 200 °C, Heißluft: etwa 180 °C

**3.** Für den Teig Eier und Milch mit einem Mixer (Rührbesen) auf höchster Stufe in 1 Minute schaumig schlagen. Zucker in 1 Minute unter Rühren einstreuen, weitere 2 Minuten schlagen. Mehl mit Pudding-Pulver und Backpulver mischen, auf die Eiercreme geben, kurz auf niedrigster Stufe unterrühren. Den Teig auf dem Backblech glatt verstreichen. Das Backblech in den vorgeheizten Backofen schieben. Die Biskuitplatte **etwa 12 Minuten backen.**

**4.** Die Biskuitplatte vom Backblechrand lösen, sofort auf ein mit Zucker bestreutes Backpapier stürzen und mit dem mitgebackenen Backpapier erkalten lassen.

**5.** Für die Füllung I Konfitüre erhitzen. Gefrorene Heidelbeeren hinzugeben, kurz aufkochen lassen, bis die Beeren aufgetaut sind. Speisestärke mit Wasser und Zucker anrühren, in die von der Kochstelle genommene Fruchtmasse rühren, unter Rühren aufkochen lassen. 2 Esslöffel des Cassis-Likörs unter die von der Kochstelle genommene Fruchtmasse rühren, erkalten lassen. Für die Füllung II Kuvertüre grob hacken, in einem Topf im Wasserbad bei schwacher Hitze unter Rühren schmelzen. Kuvertüre erkalten lassen. Sahne mit Zucker und Sahnesteif steif schlagen, erkaltete, noch flüssige Kuvertüre unterrühren.

**6.** Von der Biskuitplatte das mitgebackene Backpapier vorsichtig abziehen, Platte mit restlichem Likör beträufeln und die Fruchtmasse darauf verstreichen. Zwei Drittel der Schokosahne darauf verteilen. Biskuitplatte von der längeren Seite aus vorsichtig aufrollen und kurz in den Kühlschrank stellen.

**7.** Die Schokoladen-Rolle mit der restlichen Schokoladensahne bestreichen, mit Schokolade bestreuen. Die Schokoladen-Rolle zugedeckt 1–2 Stunden in den Kühlschrank stellen.

# Eierlikör-Rolle 16 Stücke

**PRO STÜCK:** E: 4 g, F: 12 g, Kh: 17 g, kJ: 877, kcal: 210, BE: 1,5
**ZUBEREITUNGSZEIT:** 45 Minuten, ohne Kühlzeit
**BACKZEIT:** 8–10 Minuten

**FÜR DEN BISKUITTEIG:**

**4** Eier (Größe M)
**1** Eigelb (Größe M)
**50 g** Zucker
**75 ml** Eierlikör
**100 g** Weizenmehl
**½ gestr. TL** Dr. Oetker Backin

**FÜR DIE FÜLLUNG:**

**3 Blatt** weiße Gelatine
**1 Beutel** (2 g) Instant-Kaffeepulver
**1 EL** heißes Wasser
**250 g** Schlagsahne (mind. 30 % Fett)
**125 ml** Eierlikör
**50 g** Zartbitter-Raspelschokolade

**ZUM GARNIEREN:**

**½ Beutel** (1 g) Instant-Kaffeepulver
**2 TL** heißes Wasser
**200 g** Schlagsahne (mind. 30 % Fett)
**1 Pck.** Sahnesteif
**1 Pck.** Dr. Oetker Vanillin-Zucker
**25 ml** Eierlikör

**1.** Ein Backblech (30 x 40 cm) leicht fetten und mit Backpapier belegen. Das Backpapier an der schrägen Seite des Backblechs so zu einer Falte knicken, dass ein Rand entsteht.

**2.** Den Backofen vorheizen.
Ober-/Unterhitze: etwa 200 °C, Heißluft: etwa 180 °C

**3.** Für den Teig Eier und Eigelb mit einem Mixer (Rührstäbe) auf höchster Stufe in 1 Minute schaumig schlagen. Zucker und Eierlikör in 1 Minute unter Rühren einrühren, dann weitere 2 Minuten schlagen. Mehl mit Backpulver mischen, auf die Eierlikörcreme geben, kurz auf niedrigster Stufe unterrühren. Den Teig auf dem Backblech glatt verstreichen. Das Backblech in den vorgeheizten Backofen schieben. Die Biskuitplatte **8–10 Minuten backen.**

**4.** Die Biskuitplatte vom Backblechrand lösen, sofort auf ein mit Zucker bestreutes Backpapier stürzen und mit dem Backpapier erkalten lassen.

**5.** Für die Füllung Gelatine nach Packungsanleitung einweichen. Kaffeepulver in dem heißen Wasser auflösen und erkalten lassen. Sahne steif schlagen. Gelatine leicht ausdrücken, bei schwacher Hitze unter Rühren auflösen. Die Gelatine zuerst mit dem Kaffee verrühren, dann mit dem Eierlikör unter die Sahne rühren, Raspelschokolade unterheben.

**6.** Von der Biskuitplatte mitgebackenes Backpapier vorsichtig abziehen, Biskuitplatte wieder zurück auf das Backpapier stürzen. Die Sahnemasse auf die Biskuitplatte streichen, 30 Minuten in den Kühlschrank stellen, bis die Masse etwas fest geworden ist.

**7.** Die Biskuitplatte mithilfe des Backpapiers von der langen Seite aus aufrollen und kurz in den Kühlschrank stellen.

**8.** Zum Garnieren Kaffeepulver in dem heißen Wasser auflösen, erkalten lassen. Sahne mit Sahnesteif und Vanillin-Zucker steif schlagen. Sahne halbieren, unter eine Hälfte den Eierlikör, unter die restliche Sahne den Kaffee rühren. Zuerst die Eierlikörsahne, dann die Kaffeesahne in einen Spritzbeutel mit glatter Tülle (ø 5 mm) füllen (siehe Foto). Die Eierlikör-Rolle mit der Eierlikör- und Kaffeesahne verzieren und zugedeckt etwa 1 Stunde in den Kühlschrank stellen.

# Schokoladen-Minz-Rolle 18 Stücke

**PRO STÜCK:** E: 3 g, F: 12 g, Kh: 18 g, kJ: 818, kcal: 195, BE: 1,5
**ZUBEREITUNGSZEIT:** 50 Minuten, ohne Kühlzeit
**BACKZEIT:** etwa 12 Minuten

**FÜR DIE FÜLLUNG:**

**150 g** Zartbitter-Schokolade, gefüllt mit Pfefferminz

**100 g** Zartbitter-Schokolade (etwa 50 % Kakaoanteil)

**400 g** Schlagsahne

**FÜR DEN BISKUITTEIG:**

**3** Eier (Größe M)
**1** Eigelb (Größe M)
**90 g** Zucker
**1 Prise** Salz
**40 g** Weizenmehl
**1 Pck.** Dr. Oetker Pudding-Pulver Vanille-Geschmack

**2 Pck.** Sahnesteif

**einige** frische Pfefferminzblättchen

**etwa 1 EL** Puderzucker

**1.** Für die Füllung beide Schokoladensorten in Stücke brechen, mit derSahne in einem Topf bei schwacher Hitze unter Rühren schmelzen, abkühlen lassen und zugedeckt mindestens 8 Stunden in den Kühlschrank stellen.

**2.** Ein Backblech (30 x 40 cm) leicht fetten, mit Backpapier belegen. Das Backpapier an der schrägen Seite des Backblechs so zu einer Falte knicken, dass ein Rand entsteht.

**3.** Den Backofen vorheizen.
Ober-/Unterhitze: etwa 200 °C, Heißluft: etwa 180 °C

**4.** Für den Teig Eier und Eigelb mit einem Mixer (Rührstäbe) auf höchster Stufe in 1 Minute schaumig schlagen. Zucker mit Salz mischen, in 1 Minute unter Rühren einstreuen, dann noch weitere 2 Minuten schlagen. Mehl mit Pudding-Pulver mischen, auf die Eiercreme geben, kurz auf niedrigster Stufe unterrühren. Den Teig auf dem Backblech glatt verstreichen. Das Backblech in den vorgeheizten Backofen schieben. Die Biskuitplatte **etwa 12 Minuten backen.**

**5.** Die Biskuitplatte vom Backblechrand lösen, sofort auf ein mit Zucker bestreutes Backpapier stürzen und mit dem mitgebackenen Backpapier erkalten lassen.

**6.** Schokoladen-Minz-Sahne halbieren, mit je 1 Päckchen Sahnesteif steif schlagen. Von der Biskuitplatte das mitgebackene Backpapier vorsichtig abziehen. Die Schokoladen-Minz-Sahne auf die Biskuitplatte streichen. Die Biskuitplatte mithilfe des Backpapiers von der langen Seite aus aufrollen. Die Schokoladen-Minz-Rolle zugedeckt etwa 2 Stunden in den Kühlschrank stellen.

**7.** Die Rolle in 18 etwa 2 cm dicke Scheiben schneiden, auf eine Tortenplatte legen. Mit abgespülten, trocken getupften Minzeblättchen garnieren, mit Puderzucker bestäuben.

für die englischen Momente

# Froschkönig-Rolle 16 Stücke

**PRO STÜCK:** E: 5 g, F: 14 g, Kh: 24 g, kJ: 1003, kcal: 239, BE: 2,0
**ZUBEREITUNGSZEIT:** 60 Minuten, ohne Kühlzeit
**BACKZEIT:** 8–10 Minuten

### FÜR DEN BISKUITTEIG:

**4** Eier (Größe M)
**1** Eigelb (Größe M)
**75 g** Zucker
**30 g** Weizenmehl
**1 Pck.** Dr. Oetker Pudding-Pulver Vanille-Geschmack
**1 gestr. TL** Dr. Oetker Backin

### FÜR DIE FÜLLUNG:

**4 Blatt** weiße Gelatine
**195 g** abgetropfte Stachelbeeren (aus dem Glas)
**2 EL** Zitronensaft
**75 ml** Waldmeistersirup
**2 EL** Zucker
**200 g** Doppelrahm-Frischkäse
**100 ml** Stachelbeersaft (aus dem Glas)
**225 g** Schlagsahne (mind. 30 % Fett)
**125 g** Götterspeise Waldmeister-Geschmack (aus dem Kühlregal)

### ZUM BESTREICHEN UND GARNIEREN:

**175 g** Schlagsahne (mind. 30 % Fett)
**1 Pck.** Dr. Oetker Vanillin-Zucker
**125 g** Götterspeise Waldmeister-Geschmack (aus dem Kühlregal)
**einige** Fruchtgummifrösche

**1.** Ein Backblech (30 x 40 cm) leicht fetten, mit Backpapier belegen. Das Backpapier an der schrägen Seite des Backblechs so zu einer Falte knicken, dass ein Rand entsteht.

**2.** Den Backofen vorheizen.
Ober-/Unterhitze: etwa 200 °C, Heißluft: etwa 180 °C

**3.** Für den Teig Eier und Eigelb mit einem Mixer (Rührstäbe) auf höchster Stufe in 1 Minute schaumig schlagen. Zucker in 1 Minute unter Rühren einstreuen, weitere 2 Minuten schlagen. Mehl mit Pudding-Pulver und Backpulver mischen, auf die Eiercreme geben, kurz auf niedrigster Stufe unterrühren. Teig auf dem Backblech glatt verstreichen und Backblech in den vorgeheizten Backofen schieben. Biskuitplatte **8–10 Minuten backen.**

**4.** Die Biskuitplatte vom Backblechrand lösen, sofort auf ein mit Zucker bestreutes Backpapier stürzen und mit dem mitgebackenen Backpapier erkalten lassen.

**5.** Für die Füllung Gelatine nach Packungsanleitung einweichen. Von den Stachelbeeren den Saft auffangen und 100 ml abmessen. Zitronensaft mit Sirup, Zucker, Frischkäse und dem Stachelbeersaft verrühren. Gelatine leicht ausdrücken, bei schwacher Hitze unter Rühren auflösen. Frischkäsemasse unterrühren, zugedeckt in den Kühlschrank stellen. Sahne steif schlagen. Wenn die Frischkäsemasse anfängt zu gelieren, Sahne unterheben. Götterspeise in Würfel schneiden, ebenfalls unterheben.

**6.** Von der Biskuitplatte das mitgebackene Backpapier vorsichtig abziehen. Die Frischkäsecreme auf der Biskuitplatte verstreichen, Stachelbeeren darauf verteilen. Die Biskuitplatte mithilfe des Backpapiers von der längeren Seite aus aufrollen, zugedeckt 1–2 Stunden in den Kühlschrank stellen.

## für Prinzessinnen

**7.** Sahne mit Vanillin-Zucker steif schlagen, die Rolle damit bestreichen. Götterspeise in Würfel schneiden. Die Rolle mit den Götterspeisewürfeln und Fruchtgummifröschen garnieren.

# Welfenrolle 12 Stücke

**PRO STÜCK:** E: 3 g, F: 3 g, Kh: 20 g, kJ: 534, kcal: 127, BE: 1,5
**ZUBEREITUNGSZEIT:** 40 Minuten, ohne Kühlzeit
**BACKZEIT:** 8–10 Minuten

### FÜR DEN BISKUITTEIG:

**2** Eier (Größe M)
**1 EL** heißes Wasser
**50 g** Zucker
**1 Pck.** Gala Bourbon-Vanille-Pudding-Pulver

### FÜR DIE FÜLLUNG:

**1** Eiweiß (Größe M)
**1 Prise** Salz
**1 Blatt** weiße Gelatine
**25 g** Speisestärke
**25 g** Zucker
**1 Pck.** Dr. Oetker Vanillin-Zucker
**300 ml** Milch (3,5 % Fett)

### FÜR DIE WEINSCHAUMSAUCE:

**2** Eigelb (Größe M)
**50 g** Zucker
**15 g** Speisestärke
**200 ml** Weißwein
**1 TL** Zitronensaft

**1.** Ein Backblech leicht fetten, mit Backpapier belegen. Backpapier an der schrägen Seite des Backblechs so zu einer Falte knicken, dass ein Rand um eine Fläche von 20x40 cm entsteht.

**2.** Den Backofen vorheizen.
Ober-/Unterhitze: etwa 200 °C, Heißluft: etwa 180 °C

**3.** Für den Teig Eier und Wasser mit einem Mixer (Rührstäbe) auf höchster Stufe in 1 Minute schaumig schlagen. Zucker in 1 Minute unter Rühren einstreuen, noch weitere 2 Minuten schlagen. Pudding-Pulver auf die Eiercreme geben, kurz auf niedrigster Stufe unterrühren. Den Teig auf dem Backblech glatt verstreichen. Das Backblech in den vorgeheizten Backofen schieben. Die Biskuitplatte **8–10 Minuten backen.**

**4.** Die Biskuitplatte vom Backblechrand lösen, sofort auf ein mit Zucker bestreutes Backpapier stürzen und mit dem mitgebackenen Backpapier etwa 20 Minuten erkalten lassen.

**5.** Für die Füllung Eiweiß mit Salz steif schlagen. Gelatine nach Packungsanleitung einweichen. Speisestärke, Zucker und Vanillin-Zucker mit 6 Esslöffeln Milch anrühren. Restliche Milch zum Kochen bringen. Angerührte Speisestärke in die von der Kochstelle genommene Milch rühren, unter Rühren kurz aufkochen lassen. Eischnee vorsichtig unterheben, unter Rühren nochmals kurz aufkochen lassen. Gelatine leicht ausdrücken, unter die heiße Puddingmasse rühren, etwa 15 Minuten abkühlen lassen (nicht im Kühlschrank).

**6.** Von der Biskuitplatte das mitgebackene Backpapier vorsichtig abziehen. Den Pudding auf die Biskuitplatte streichen und die Platte etwa 20 Minuten in den Kühlschrank stellen.

**7.** Biskuitplatte mithilfe des Backpapiers von der langen Seite aus aufrollen, zugedeckt 2 Stunden in den Kühlschrank stellen.

# beschwipstes Dessert

**8.** Für die Weinschaumsauce Eigelb mit Zucker, Speisestärke und Wein in einem Topf mit einem Schneebesen verrühren. Die Masse bei schwacher Hitze so lange rühren, bis eine Kochblase entsteht. Zitronensaft unter die Weinschaumsauce rühren. Sauce unter Rühren erkalten lassen.

**9.** Die Welfenrolle in Stücke schneiden und mit der Weinschaumsauce anrichten oder die Sauce dazureichen.

# Kuhflecken-Rolle 16 Stücke

**PRO STÜCK:** E: 3 g, F: 7 g, Kh: 21 g, kJ: 671, kcal: 160, BE: 1,5
**ZUBEREITUNGSZEIT:** 40 Minuten, ohne Kühlzeit
**BACKZEIT:** etwa 10 Minuten

**FÜR DEN BISKUITTEIG:**

**4** Eier (Größe M)

**1** Eigelb (Größe M)

**70 g** Zucker

**1 Pck.** Dr. Oetker Vanillin-Zucker

**40 g** Weizenmehl

**½ gestr. TL** Dr. Oetker Backin

**1 Pck.** Dr. Oetker Pudding-Pulver Schokoladen-Geschmack

**½ gestr. TL** Dr. Oetker Backin

**FÜR DIE FÜLLUNG:**

**1 Pck.** Galetta Vanille-Geschmack (Pudding-Pulver ohne Kochen)

**250 g** kalte Schlagsahne (mind. 30 % Fett)

**200 ml** kalte Milch (3,5 % Fett)

**AUSSERDEM:**

**etwa 4 EL** Aprikosenkonfitüre

**1.** Ein Backblech (30 x 40 cm) leicht fetten, mit Backpapier belegen. Das Backpapier an der schrägen Seite des Backblechs so zu einer Falte knicken, dass ein Rand entsteht.

**2.** Den Backofen vorheizen.
Ober-/Unterhitze: etwa 200 °C, Heißluft: etwa 180 °C

**3.** Für den Teig Eier und Eigelb mit einem Mixer (Rührstäbe) auf höchster Stufe in 1 Minute schaumig schlagen. Zucker und Vanillin-Zucker mischen, in 1 Minute unter Rühren einstreuen, dann noch weitere 2 Minuten schlagen. Die Eiercreme halbieren. Mehl mit Backpulver mischen und kurz auf niedrigster Stufe unter eine Eiercremehälfte rühren. Pudding-Pulver mit Backpulver mischen und ebenfalls kurz unter die zweite Eiercremehälfte rühren.

**4.** Hellen und dunklen Teig in Klecksen auf das Backblech geben, glatt streichen und in den vorgeheizten Backofen schieben. Biskuitplatte **etwa 10 Minuten backen.**

**5.** Die Biskuitplatte vorsichtig vom Backblechrand lösen, sofort auf ein mit Zucker bestreutes Backpapier stürzen und mit dem mitgebackenen Backpapier erkalten lassen.

**6.** Für die Füllung Galetta nach Packungsanleitung, aber mit 250 g Sahne und 200 ml Milch, aufschlagen.

**7.** Von der Biskuitplatte mitgebackenes Backpapier vorsichtig abziehen, die Platte zurück auf das Backpapier stürzen. Die Creme auf die Biskuitplatte streichen, Biskuit mithilfe des Backpapiers von der langen Seite aus aufrollen. Die Rolle zugedeckt etwa 1 Stunde in den Kühlschrank stellen.

**8.** Konfitüre durch ein Sieb streichen, in einem kleinen Topf kurz aufkochen und die Kuhflecken-Rolle damit bestreichen.

das schmeckt Kindern

# Zitronen-Sahne-Rolle 15 Stücke

**PRO STÜCK:** E: 4 g, F: 10 g, Kh: 17 g, kJ: 736, kcal: 176, BE: 1,5
**ZUBEREITUNGSZEIT:** 45 Minuten, ohne Kühlzeit
**BACKZEIT:** etwa 10 Minuten

**FÜR DEN BISKUITTEIG:**

**4** Eier (Größe M)
**1** Eigelb (Größe M)
**80 g** Zucker
**1 Pck.** Dr. Oetker Vanillin-Zucker
**80 g** Weizenmehl
**½ gestr. TL** Dr. Oetker Backin

**FÜR DIE FÜLLUNG:**

**4 Blatt** weiße Gelatine
**400 g** Schlagsahne (mind. 30 % Fett)
**4 EL** Zitronensaft
**70 g** Puderzucker
**1 Pck.** Dr. Oetker Finesse Geriebene Zitronenschale

**1.** Ein Backblech (30 x 40 cm) leicht fetten, mit Backpapier belegen. Das Backpapier an der schrägen Seite des Backblechs so zu einer Falte knicken, dass ein Rand entsteht.

**2.** Den Backofen vorheizen.
Ober-/Unterhitze: etwa 200 °C, Heißluft: etwa 180 °C

**3.** Für den Teig Eier und Eigelb mit einem Mixer (Rührstäbe) auf höchster Stufe in 1 Minute schaumig schlagen. Zucker mit Vanillin-Zucker mischen, in 1 Minute unter Rühren einstreuen, noch weitere 2 Minuten schlagen. Mehl mit Backpulver mischen, auf die Eiercreme geben, kurz auf niedrigster Stufe unterrühren. Den Teig auf dem Backblech verstreichen. Das Backblech in den vorgeheizten Backofen schieben. Biskuitplatte **etwa 10 Minuten backen.**

**4.** Die Biskuitplatte vom Backblechrand lösen, sofort auf ein mit Zucker bestreutes Backpapier stürzen und mit dem mitgebackenen Backpapier erkalten lassen.

**5.** Für die Füllung Gelatine nach Packungsanleitung einweichen. Sahne fast steif schlagen. Gelatine leicht ausdrücken, bei schwacher Hitze unter Rühren auflösen. Zitronensaft, Puderzucker und Zitronenschale unterrühren. Zuerst etwa 2 Esslöffel der Sahne mit einem Schneebesen unter die Gelatinemischung rühren, dann die Gelatinemasse sofort unter die restliche Sahne schlagen, Sahne vollständig steif schlagen.

**6.** Von der Biskuitplatte das mitgebackene Backpapier vorsichtig abziehen. Zwei Drittel der Zitronensahne auf die Biskuitplatte geben und glatt streichen. Biskuitplatte mithilfe des Backpapiers von der längeren Seite aus aufrollen. Die Rolle mit der restlichen Zitronensahne bestreichen und mithilfe einer Gabel wellenförmige Längsstriche durch die Sahne ziehen. Die Zitronen-Sahne-Rolle zugedeckt mindestens 2 Stunden in den Kühlschrank stellen.

klassisch – erfrischend

# Schoko-Oliven-Röllchen 16 Stück

**PRO STÜCK:** E: 2 g, F: 6 g, Kh: 12 g, kJ: 484, kcal: 116, BE: 1,0
**ZUBEREITUNGSZEIT:** 45 Minuten, ohne Kühlzeit
**BACKZEIT:** 8–10 Minuten

### FÜR DEN BISKUITTEIG:

**2** Eier (Größe M)
**1** Eigelb (Größe M)
**50 g** Zucker
**1 Pck.** Gala Schokoladen-Pudding-Pulver
**1 Msp.** Dr. Oetker Backin
**1 EL** Olivenöl

### FÜR DIE FÜLLUNG:

**100 g** Zartbitter-Schokolade (etwa 50 % Kakaoanteil)
**1 TL** Olivenöl
**50 g** Schlagsahne
**175 g** vorbereitete Erdbeeren
**20 g** Zucker
**15 g** Speisestärke
**1 EL** Zitronensaft

### ZUM GARNIEREN:

**etwa 30 g** Zartbitter-Schokolade (etwa 50 % Kakaoanteil)

**1.** Ein Backblech fetten, mit Backpapier belegen. Backpapier an der schrägen Seite des Backblechs zu einer Falte knicken, so dass ein Rand um eine Fläche von 17 x 40 cm entsteht.

**2.** Den Backofen vorheizen.
Ober-/Unterhitze: etwa 200 °C, Heißluft: etwa 180 °C

**3.** Für den Teig Eier und Eigelb mit einem Mixer (Rührstäbe) auf höchster Stufe in 1 Minute schaumig schlagen. Zucker in 1 Minute unter Rühren einstreuen, weitere 2 Minuten schlagen. Pudding-Pulver mit Backpulver mischen, auf die Eiercreme geben, kurz auf niedrigster Stufe unterrühren. Olivenöl unterrühren. Den Teig auf dem Backblech glatt verstreichen. Das Backblech in den vorgeheizten Backofen schieben. Die Biskuitplatte **8–10 Minuten backen.**

**4.** Die Biskuitplatte vom Backblechrand lösen, sofort auf ein mit Zucker bestreutes Backpapier stürzen und mit dem mitgebackenen Backpapier erkalten lassen.

**5.** Für die Füllung Schokolade in Stücke brechen, mit Olivenöl und Sahne in einem Topf im Wasserbad bei schwacher Hitze unter Rühren schmelzen. Die Erdbeeren pürieren. Zucker mit Speisestärke, Zitronensaft und Erdbeerpüree in einem kleinen Topf verrühren, unter Rühren einmal aufkochen und anschließend erkalten lassen.

**6.** Von der Biskuitplatte mitgebackenes Backpapier vorsichtig abziehen. Das Erdbeerpüree auf der Biskuitplatte verstreichen. Schoko-Oliven-Masse daraufgeben, ebenfalls glatt streichen. Die Biskuitplatte 15 Minuten in den Kühlschrank stellen.

**7.** Anschließend die Biskuitplatte in 8 gleich große Streifen schneiden (je etwa 17 x 5 cm). Die Biskuitstreifen von der kurzen Seite aus aufrollen. Schoko-Oliven-Röllchen zugedeckt etwa 1 Stunde in den Kühlschrank stellen.

**8.** Zum Verzieren die Schokolade in kleine Stücke brechen, in einem kleinen Topf im Wasserbad bei schwacher Hitze unter Rühren schmelzen. Schokolade in ein Pergamentpapiertütchen füllen und eine kleine Spitze abschneiden. Die Schoko-Oliven-Röllchen damit verzieren, Schokolade fest werden lassen. Die Röllchen kurz vor dem Servieren halbieren.

# Kastaniencreme-Rolle 16 Stücke

**PRO STÜCK:** E: 5 g, F: 14 g, Kh: 40 g, kJ: 1306, kcal: 312, BE: 3,5
**ZUBEREITUNGSZEIT:** 50 Minuten, ohne Kühlzeit
**BACKZEIT:** 10–12 Minuten

### FÜR DEN BISKUITTEIG:

**4** Eier (Größe M)
**1** Eigelb (Größe M)
**3 EL** heißes Wasser
**125 g** Zucker
**1 Pck.** Dr. Oetker Vanillin-Zucker
**100 g** Weizenmehl
**25 g** Speisestärke
**½ gestr. TL** Dr. Oetker Backin

### FÜR DIE FÜLLUNG:

**6 Blatt** weiße Gelatine
**220 g** abgetropfte, geschälte Esskastanien (aus der Dose)
**425 g** Esskastanienpüree (aus der Dose)
**3 EL** Cognac
**125 g** Schlagsahne
**100 g** Zucker
**1 Pck.** Dr. Oetker Bourbon-Vanille-Zucker
**15 g** gesiebtes Kakaopulver
**375 g** Schlagsahne (mind. 30 % Fett)

**50 g** Vollmilch-Kuvertüre

**1.** Ein Backblech (30 x 40 cm) leicht fetten, mit Backpapier belegen. Das Backpapier an der schrägen Seite des Backblechs so zu einer Falte knicken, dass ein Rand entsteht.

**2.** Den Backofen vorheizen.
Ober-/Unterhitze: etwa 200 °C, Heißluft: etwa 180 °C

**3.** Für den Teig Eier, Eigelb und Wasser mit einem Mixer (Rührstäbe) auf höchster Stufe in 1 Minute schaumig schlagen. Zucker mit Vanillin-Zucker mischen, in 1 Minute unter Rühren einstreuen, weitere 2 Minuten schlagen. Mehl mit Speisestärke und Backpulver mischen, auf die Eiercreme geben, kurz auf niedrigster Stufe unterrühren. Den Teig auf dem Backblech glatt verstreichen. Backblech in den vorgeheizten Backofen schieben. Biskuitplatte **10–12 Minuten backen.**

**4.** Die Biskuitplatte vom Backblechrand lösen, sofort auf ein mit Zucker bestreutes Backpapier stürzen und mit dem mitgebackenen Backpapier erkalten lassen.

**5.** Für die Füllung Gelatine nach Packungsanleitung einweichen. 16 schöne Esskastanien beiseitelegen, evtl. restliche Kastanien pürieren, mit dem Kastanienpüree aus der Dose in eine Rührschüssel geben. Cognac und Sahne hinzugießen. Zucker, Vanille-Zucker und Kakao unterrühren.

**6.** Gelatine leicht ausdrücken, bei schwacher Hitze unter Rühren auflösen. Gelatine unter das Kastanienpüree rühren. Sahne steif schlagen. Sobald das Kastanienpüree anfängt zu gelieren, Sahne unterheben.

**7.** Kuvertüre in Stücke hacken, in einem kleinen Topf im Wasserbad bei schwacher Hitze unter Rühren schmelzen. Beiseitegelegte Kastanien damit überziehen, fest werden lassen.

**8.** Von der Biskuitplatte das mitgebackene Backpapier vorsichtig abziehen. Zwei Drittel der Kastaniencreme darauf

# mit Cognac

verteilen. Die Biskuitplatte mithilfe des Backpapiers von der längeren Seite aus aufrollen. Drei Esslöffel der Creme in einen Spritzbeutel mit Sterntülle (Ø 14 mm) füllen.

**9.** Die Biskuitrolle mit der restlichen Kastaniencreme bestreichen. Mit der Creme aus dem Spritzbeutel der Länge nach 16 Rosetten auf die Rolle spritzen und mit den überzogenen Kastanien belegen. Die Biskuitrolle zugedeckt 1–1 ½ Stunden in den Kühlschrank stellen.

# Polka-Dots-Rolle 12 Stücke

**PRO STÜCK:** E: 9 g, F: 18 g, Kh: 20 g, kJ: 1154, kcal: 276, BE: 1,5
**ZUBEREITUNGSZEIT:** 60 Minuten, ohne Kühlzeit
**BACKZEIT:** 8–10 Minuten

### FÜR DEN BISKUITTEIG:

**3** Eier (Größe M)
**1** Eigelb (Größe M)
**2 EL** heißes Wasser
**50 g** Puderzucker
**50 g** Weizenmehl
**½ gestr. TL** Dr. Oetker Backin
**50 g** abgezogene, gem. Mandeln

### FÜR ERDBEERFÜLLUNG UND -GUSS:

**5 Blatt** weiße Gelatine
**300 g** vorbereitete Erdbeeren
**30 g** Zucker
**1 EL** Zitronensaft
**1 TL** klein geschnittene Minze

### FÜR DIE MASCARPONEFÜLLUNG:

**3 Blatt** weiße Gelatine
**250 g** Mascarpone (ital. Frischkäse)
**200 g** Speisequark (20 % Fett)
**50 g** Zucker
**1 Pck.** Dr. Oetker Vanillin-Zucker
**1 EL** Zitronensaft

### FÜR DIE TUPFEN (DOTS):

**2 Blatt** weiße Gelatine
**125 g** Mascarpone (ital. Frischkäse)
**50 g** Speisequark (20 % Fett)
**1 Pck.** Dr. Oetker Vanillin-Zucker

**1.** Ein Backblech leicht fetten, mit Backpapier belegen. Das Backpapier jeweils an der schrägen und offenen Seite des Backblechs so zu einer Falte knicken, dass je ein Rand um eine Fläche von 30 x 30 cm entsteht.

**2.** Den Backofen vorheizen.
Ober-/Unterhitze: etwa 200 °C, Heißluft: etwa 180 °C

**3.** Für den Teig Eier, Eigelb und Wasser mit einem Mixer (Rührstäbe) auf höchster Stufe in 1 Minute schaumig schlagen. Puderzucker in 1 Minute einstreuen, dann noch weitere 2 Minuten schlagen. Mehl mit Backpulver und Mandeln mischen, auf die Eiercreme geben und kurz auf niedrigster Stufe unterrühren. Den Teig auf das Backblech geben und glatt verstreichen. Das Backblech in den vorgeheizten Backofen schieben. Die Biskuitplatte **8–10 Minuten backen.**

**4.** Die Biskuitplatte vom Backblechrand lösen, sofort auf ein mit Zucker bestreutes Backpapier stürzen und mit dem mitgebackenen Backpapier erkalten lassen.

**5.** Für Erdbeerfüllung und -guss Gelatine nach Packungsanleitung einweichen. Erdbeeren pürieren, mit Zucker und Zitronensaft verrühren. Gelatine leicht ausdrücken und in einem kleinen Topf bei schwacher Hitze unter Rühren auflösen. Die Gelatine zuerst mit 3 Esslöffeln des Erdbeerpürees verrühren, dann unter das restliche Erdbeerpüree rühren. Für die Füllung 125 ml Erdbeerpüree abmessen, Minze unterrühren, Püree zugedeckt in den Kühlschrank stellen. Das restliche Erdbeerpüree für den Guss beiseitestellen (nicht kalt stellen).

**6.** Für die Mascarponefüllung Gelatine wie zuvor beschrieben einweichen und auflösen. Mascarpone mit Quark, Zucker, Vanillin-Zucker und Zitronensaft verrühren. Die Gelatine zuerst mit etwa 3 Esslöffeln der Mascarpone-Quark-Masse verrühren, dann unter die restliche Mascarpone-Quark-Masse rühren.

**7.** Von der Biskuitplatte das mitgebackene Backpapier vorsichtig abziehen und die Biskuitplatte wieder zurück auf das Backpapier stürzen. Die Mascarpone-Quark-Creme auf die Biskuitplatte streichen. Mit einem Teelöffelrücken 4 Streifen von etwa 2 cm Breite im Abstand von etwa 7 cm in die Creme ziehen. Das Erdbeerminzpüree in die Streifen füllen. Die Biskuitplatte in den Kühlschrank stellen, bis die Creme und das Erdbeerpüree leicht dicklich geworden sind (etwa 30 Minuten).

**8.** Dann die Biskuitplatte mithilfe des Backpapiers aufrollen und zugedeckt nochmals etwa 30 Minuten in den Kühlschrank stellen.

**9.** Für den Guss das beiseitegestellte Erdbeerpüree ebenfalls in den Kühlschrank stellen, es soll dickflüssig bleiben.

**10.** Das gekühlte Erdbeerpüree nach und nach auf der gefüllten Gebäckrolle so verteilen, dass die Rolle vollständig von dem Erdbeerpüree überzogen ist. Die Erdbeerrolle zugedeckt nochmals etwa 30 Minuten in den Kühlschrank stellen, bis der Guss fest geworden ist.

**11.** Für die Tupfen (Dots) Gelatine wie beschrieben einweichen und auflösen. Mascarpone mit Quark und Vanillin-Zucker verrühren, aufgelöste Gelatine unterrühren. Die Mascarponecreme in einen Spritzbeutel mit glatter Tülle (ø ½ cm) füllen und weiße Tupfen (Dots) in den Erdbeerguss spritzen. Die Polka-Dots-Rolle zugedeckt nochmals etwa 30 Minuten in den Kühlschrank stellen.

# Zebrarolle 24 Stücke

**PRO STÜCK:** E: 3 g, F: 5 g, Kh: 18 g, kJ: 534, kcal: 128, BE: 1,5
**ZUBEREITUNGSZEIT:** 35 Minuten, ohne Abkühl- und Kühlzeit
**BACKZEIT:** etwa 8 Minuten je Backblech

**FÜR DEN BISKUITTEIG:**
**3** Eier (Größe M)
**1** Eigelb (Größe M)
**150 g** Zucker
**1 Pck.** Dr. Oetker Vanillin-Zucker
**100 g** Weizenmehl
**25 g** Speisestärke
**1 gestr. TL** Dr. Oetker Backin
**20 g** gesiebtes Kakaopulver
**1 Msp.** gem. Zimt
**1 EL** Wasser

**FÜR DIE FÜLLUNG:**
**1 Pck.** Mousse au Chocolat (Dessertpulver)
**175 ml** Milch (3,5 % Fett)
**100 g** Schlagsahne
**1 Pck.** Mousse à la Vanille (Dessertpulver)
**175 ml** Milch (3,5 % Fett)
**100 g** Schlagsahne

**ZUM BESTÄUBEN:**
Puderzucker

**1.** Zwei Backbleche (je 30 x 40 cm) leicht fetten, mit Backpapier belegen. Das Backpapier an der schrägen Seite der Backbleche so zu einer Falte knicken, dass ein Rand entsteht.

**2.** Den Backofen vorheizen.
Ober-/Unterhitze: etwa 200 °C, Heißluft: etwa 180 °C

**3.** Für den Teig Eier und Eigelb mit einem Mixer (Rührstäbe) auf höchster Stufe in 1 Minute schaumig schlagen. Zucker und Vanillin-Zucker mischen, in 1 Minute unter Rühren einstreuen, noch weitere 2 Minuten schlagen. Mehl mit Speisestärke, Backpulver, Kakao und Zimt mischen, auf die Eiercreme geben, mit 1 Esslöffel Wasser kurz auf niedrigster Stufe unterrühren.

**4.** Die Hälfte des Teiges auf ein Backblech geben und glatt streichen. Das Backblech in den vorgeheizten Backofen schieben. Die Biskuitplatte etwa **8 Minuten backen.**

**5.** Die Biskuitplatte vom Backblechrand lösen, sofort auf ein mit Zucker bestreutes Backpapier stürzen und mit dem mitgebackenen Backpapier erkalten lassen.

**6.** Restlichen Teig auf das zweite Backblech geben, glatt streichen, wie zuvor beschrieben backen und erkalten lassen.

**7.** Für die Füllung Mousse au Chocolat nach Packungsanleitung, aber mit 175 ml Milch und 100 g Schlagsahne zubereiten. Mousse à la Vanille ebenfalls mit 175 ml Milch und 100 g Schlagsahne zubereiten. Helle und dunkle Mousse jeweils in einen Spritzbeutel mit Lochtülle füllen, abwechselnd Längsstreifen auf beide Biskuitplatten spritzen. Beide Biskuitplatten mithilfe des Backpapiers von der längeren Seite aus aufrollen, zugedeckt 2 Stunden in den Kühlschrank stellen.

**8.** Die Zebrarrollen vor dem Servieren mit Puderzucker bestäuben.

# Schokolade-Vanille-Glück

# Biskuitrolle Coca-Cola* 12 Stücke

**PRO STÜCK:** E: 4 g, F: 6 g, Kh: 17 g, kJ: 601, kcal: 143, BE: 1,5
**ZUBEREITUNGSZEIT:** 45 Minuten, ohne Kühlzeit
**BACKZEIT:** 8–10 Minuten

**ZUM VORBEREITEN:**
**5 Blatt** weiße Gelatine
**200 ml** Coca-Cola
**15 g** Zartbitter-Raspelschokolade
**50 ml** Orangensaft

**FÜR DEN BISKUITTEIG:**
**3** Eier (Größe M)
**1** Eigelb (Größe M)
**2 EL** Coca-Cola
**60 g** Zucker
**60 g** Weizenmehl
**5 g** gesiebtes Kakaopulver

**FÜR DIE FÜLLUNG:**
**3 Blatt** weiße Gelatine
**200 g** Buttermilch
**20 g** Zucker
**1 Pck.** Dr. Oetker Vanillin-Zucker
**150 g** Schlagsahne (mind. 30 % Fett)

*Rezept nicht durch Coca-Cola autorisiert.

**1.** Zum Vorbereiten Gelatine nach Packungsanleitung einweichen und auflösen. Coca-Cola mit Raspelschokolade verrühren. Orangensaft zuerst mit der aufgelösten Gelatine verrühren, dann die Cola-Masse unterrühren. Eine flache Schale (etwa 12 x 23 cm) mit Frischhaltefolie auslegen. Die Cola-Orangensaft-Flüssigkeit in die Schale geben, zugedeckt etwa 2 Stunden im Kühlschrank fest werden lassen.

**2.** Ein Backblech fetten und mit Backpapier belegen. Backpapier an der schrägen und offenen Seite des Backblechs so zu einer Falte knicken, dass ein Rand um eine Fläche von 30 x 30 cm entsteht.

**3.** Den Backofen vorheizen.
Ober-/Unterhitze: etwa 200 °C, Heißluft: etwa 180 °C

**4.** Für den Teig Eier, Eigelb und Coca-Cola mit einem Mixer (Rührstäbe) auf höchster Stufe in 1 Minute schaumig schlagen. Zucker in 1 Minute unter Rühren einstreuen, noch weitere 2 Minuten schlagen. Mehl mit Kakao mischen, auf die Eiercreme geben, kurz auf niedrigster Stufe unterrühren. Den Teig auf dem Backblech glatt streichen. Das Backblech in den vorgeheizten Backofen schieben. Die Biskuitplatte **8–10 Minuten backen.**

**5.** Die Biskuitplatte vom Backblechrand lösen, sofort auf ein mit Zucker bestreutes Backpapier stürzen und mit dem mitgebackenen Backpapier erkalten lassen.

**6.** Für die Füllung Gelatine nach Packungsanleitung einweichen und auflösen. Buttermilch mit Zucker und Vanillin-Zucker verrühren, aufgelöste Gelatine unterrühren. Sahne steif schlagen. Sobald die Buttermilchmasse anfängt zu gelieren, die Sahne unterheben. Das mitgebackene Backpapier vorsichtig von der Biskuitplatte abziehen. Die Buttermilchsahne auf der Biskuitplatte glatt verstreichen.

7. Die fest gewordene Cola-Orangen-Masse auf eine Platte stürzen, in 8 gleich große Streifen schneiden, Geleestreifen jeweils halbieren. Geleestreifen in gleich großen Abständen auf die Buttermilchsahne legen. Biskuitplatte etwa 30 Minuten in den Kühlschrank stellen. Anschließend die Biskuitplatte mithilfe des Backpapiers aufrollen, zugedeckt etwa 2 Stunden in den Kühlschrank stellen.

**Tipp:** Die Rolle vor dem Servieren in 12 Scheiben schneiden und in jede Scheibe 2 Schoko-Gebäckstäbchen stecken.

# Piña-Colada-Rolle 16 Stücke

**PRO STÜCK:** E: 3 g, F: 10 g, Kh: 16 g, kJ: 709, kcal: 170, BE: 1,5
**ZUBEREITUNGSZEIT:** 45 Minuten, ohne Kühlzeit
**BACKZEIT:** 8–10 Minuten

### ZUM VORBEREITEN:

**30 g** Butter
**490 g** abgetropfte Ananasscheiben (aus der Dose)
**2 EL** Ananassaft (aus der Dose)
**60 g** brauner Zucker (Rohrzucker)

### FÜR DEN BISKUITTEIG:

**3** Eier (Größe M)
**1** Eigelb (Größe M)
**70 g** Weizenmehl
**½ gestr. TL** Dr. Oetker Backin
**25 g** feine Kokosraspel

**1 TL** Kokosraspel zum Bestreuen

### FÜR DIE FÜLLUNG:

**1 Pck.** ungezuckerter Tortenguss, klar
**10 g** Zucker
**125 ml** Kokosmilch, cremig
**100 ml** Ananassaft (aus der Dose)
**250 g** vorbereitete Ananasstücke (aus der 490 g-Dose)

### ZUM BESTREICHEN:

**200 g** Schlagsahne (mind. 30 % Fett)
**1 Beutel aus 1 Pck.** Gelatine fix
**50 ml** Kokosmilch, cremig
**20 g** Zucker
**3 EL** Rum

### ZUM BESTREUEN:

**etwas** blauer Kuchenglitter

1. Zum Vorbereiten Butter zerlassen, leicht bräunen, abkühlen lassen. Von den Ananasscheiben den Saft auffangen, 100 ml abmessen, 2 Ananasscheiben beiseitelegen. Restliche Ananasscheiben klein schneiden, wieder zum Abtropfen in ein Sieb geben. 2 Esslöffel Ananassaft erhitzen, den Rohrzucker darin unter Rühren auflösen.

2. Ein Backblech (30 x 40 cm) leicht fetten, mit Backpapier belegen. Das Backpapier an der schrägen Seite des Backblechs so zu einer Falte knicken, dass ein Rand entsteht.

3. Den Backofen vorheizen.
Ober-/Unterhitze: etwa 200 °C, Heißluft: etwa 180 °C

4. Für den Teig Eier und Eigelb mit einem Mixer (Rührstäbe) auf höchster Stufe in 1 Minute schaumig schlagen. Ananas-Zucker-Mischung in 1 Minute unter Rühren hinzugeben, weitere 2 Minuten schlagen. Mehl mit Backpulver und Kokosraspeln mischen, auf die Eiercreme geben, kurz auf niedrigster Stufe unterrühren. Gebräunte Butter kurz unterrühren. Den Teig auf dem Backblech verstreichen und mit Kokosraspeln bestreuen. Das Backblech in den vorgeheizten Backofen schieben. Die Biskuitplatte **8–10 Minuten backen.**

5. Die Biskuitplatte vom Backblechrand lösen, sofort auf ein mit Zucker bestreutes Backpapier stürzen und mit dem mitgebackenen Backpapier erkalten lassen.

6. Für die Füllung aus Tortengusspulver, Zucker, Kokosmilch und Ananassaft (100 ml) einen Guss nach Packungsanleitung zubereiten. Die vorbereiteten Ananasstücke unterheben.

7. Von der Biskuitplatte mitgebackenes Backpapier vorsichtig abziehen. Ananasmasse auf der Biskuitplatte verstreichen, die Platte etwa 30 Minuten in den Kühlschrank stellen.

**8.** Die Biskuitplatte mithilfe des Backpapiers von der kürzeren Seite aus aufrollen. Die Piña-Colada-Rolle zugedeckt etwa 45 Minuten in den Kühlschrank stellen.

**9.** Zum Bestreichen Sahne mit Gelatine fix nach Packungsanleitung steif schlagen. Kokosmilch, Zucker und Rum unterrühren. Die Rolle mit der Sahnemasse (2 Esslöffel in einen Spritzbeutel mit Sterntülle (Ø 1 cm) füllen) bestreichen, mit der Sahne aus dem Spritzbeutel verzieren. Die Piña-Colada-Rolle mit den beiseitegelegten Ananasscheiben, nochmals in dünne Scheiben geschnitten und halbiert, garnieren, zugedeckt etwa 30 Minuten in den Kühlschrankt stellen. Vor dem Servieren die Rolle mit blauem Kuchenglitter bestreuen.

# Erdnussrolle „Mr. Tom" 16 Stücke

**PRO STÜCK:** E: 8 g, F: 24 g, Kh: 25 g, kJ: 1471, kcal: 352, BE: 2,0
**ZUBEREITUNGSZEIT:** 40 Minuten, ohne Kühlzeit
**BACKZEIT:** etwa 10 Minuten

**FÜR DEN BISKUITTEIG:**

**3** Eier (Größe M)
**1** Eigelb (Größe M)
**100 g** Zucker
**1 Pck.** Dr. Oetker Vanillin-Zucker
**100 g** Weizenmehl
**10 g** gesiebtes Kakaopulver
**1 gestr. TL** Dr. Oetker Backin
**1 EL** Milch

**FÜR DIE FÜLLUNG:**

**200 g** ungesalzene, geröstete Erdnusskerne
**25 g** Butter
**50 g** Zucker
**1 Pck.** Dr. Oetker Vanillin-Zucker
**75 g** Schlagsahne
**1 Pck.** Paradiescreme Schokoladen-Geschmack (Dessertpulver)
**300 g** Schlagsahne

**225 g** Schlagsahne
**1 Pck.** Dr. Oetker Vanillin-Zucker
**125 g** Mr.Tom Mini Erdnussriegel

**1.** Ein Backblech (30 x 40 cm) leicht fetten, mit Backpapier belegen. Das Backpapier an der schrägen Seite des Backblechs so zu einer Falte knicken, dass ein Rand entsteht.

**2.** Den Backofen vorheizen.
Ober-/Unterhitze: etwa 200 °C, Heißluft: etwa 180 °C

**3.** Für den Teig Eier und Eigelb mit einem Mixer (Rührstäbe) auf höchster Stufe in 1 Minute schaumig schlagen. Zucker und Vanillin-Zucker mischen, in 1 Minute einstreuen, dann noch weitere 2 Minuten schlagen. Mehl mit Kakao und Backpulver mischen, auf die Eiercreme geben und mit der Milch kurz auf niedrigster Stufe unterrühren. Den Teig auf das Backblech geben und glatt streichen. Das Backblech in den vorgeheizten Backofen schieben. Die Biskuitplatte etwa **10 Minuten backen.**

**4.** Die Biskuitplatte vom Backblechrand lösen, sofort auf ein mit Zucker bestreutes Backpapier stürzen und mit dem mitgebackenen Backpapier erkalten lassen.

**5.** Für die Füllung die Erdnusskerne fein hacken, mit Butter, Zucker, Vanillin-Zucker und 75 g Sahne in einem kleinen Topf zum Kochen bringen und 2–3 Minuten einkochen lassen.

**6.** Von der Biskuitplatte mitgebackenes Backpapier abziehen. Die Erdnussmasse auf die Biskuitplatte geben, glatt streichen. Paradiescreme mit 300 g Sahne nach Packungsanleitung aufschlagen, ebenfalls auf der Biskuitplatte verstreichen. Die Biskuitplatte mithilfe des Backpapiers von der längeren Seite aus aufrollen.

**7.** Sahne mit Vanillin-Zucker steif schlagen, die Biskuitrolle damit bestreichen. 2–3 Mr.Tom Mini fein hacken, die Biskuitrolle damit bestreuen. Die restlichen Erdnussriegel diagonal halbieren und dekorativ auf die Biskuitrolle legen. Die Erdnussrolle zugedeckt etwa 1 Stunde in den Kühlschrank stellen.

Genuss mit Nuss

# Fruchtige Tiramisu-Rolle 14 Stücke

**PRO STÜCK:** E: 5 g, F: 14 g, Kh: 20 g, kJ: 964, kcal: 230, BE: 1,5
**ZUBEREITUNGSZEIT:** 50 Minuten, ohne Kühlzeit
**BACKZEIT:** 8–10 Minuten

**FÜR DEN BISKUITTEIG:**

**3** Eier (Größe M)
**1** Eigelb (Größe M)
**2 EL** heißes Wasser
**50 g** Zucker
**100 g** feine Löffelbiskuitbrösel
**½ gestr. TL** Dr. Oetker Backin

**FÜR DIE FÜLLUNG:**

**3 Blatt** weiße Gelatine
**375 g** Mascarpone (ital. Frischkäse)
**150 g** Joghurt (3,5 % Fett)
**40 g** Zucker
**1 Pck.** Dr. Oetker Vanillin-Zucker
**2 EL** Milch
**175 g** abgetropfte Mandarinen (aus der Dose)

**40 g** Löffelbiskuits
**1 EL** starker Espresso
**1 EL** Amaretto

**etwa 20 g** geraspelte Espresso-Schokolade

1. Ein Backblech (30 x 40 cm) leicht fetten, mit Backpapier belegen. Das Backpapier an der schrägen Seite des Backblechs so zu einer Falte knicken, dass ein Rand entsteht.

2. Den Backofen vorheizen.
Ober-/Unterhitze: etwa 200 °C, Heißluft: etwa 180 °C

3. Für den Teig Eier, Eigelb und Wasser mit einem Mixer (Rührstäbe) auf höchster Stufe in 1 Minute schaumig schlagen. Zucker in 1 Minute unter Rühren einstreuen, weitere 2 Minuten schlagen. Biskuitbrösel mit Backpulver mischen, auf die Eiercreme geben, kurz auf niedrigster Stufe unterrühren. Den Teig auf dem Backblech glatt verstreichen. Das Backblech in den vorgeheizten Backofen schieben. Die Biskuitplatte **8–10 Minuten backen.**

4. Die Biskuitplatte vom Backblechrand lösen, sofort auf ein mit Zucker bestreutes Backpapier stürzen und mit dem mitgebackenen Backpapier erkalten lassen.

5. Für die Füllung Gelatine nach Packungsanleitung einweichen und auflösen. Mascarpone mit Joghurt, Zucker und Vanillin-Zucker mit dem Mixer (Rührstäbe) verrühren. Aufgelöste Gelatine zuerst mit Milch verrühren, dann unter die Mascarponecreme rühren, etwa 30 Minuten in den Kühlschrank stellen.

6. Von der Biskuitplatte das mitgebackene Backpapier vorsichtig abziehen, Platte zurück auf das Backpapier stürzen.

7. Wenn die Mascarponecreme dicklich geworden ist, die Creme (3 Esslöffel abnehmen) auf der Biskuitplatte verstreichen. Die Löffelbiskuits der Länge nach halbieren, in Abständen mit der Schnittfläche nach oben auf die kurze Seite der Biskuitplatte legen, etwas in die Creme drücken. In die Zwischenräume die Mandarinen geben (10 Mandarinen beiseitelegen). Espresso mit Amaretto verrühren. Die Löffelbiskuits damit tränken.

## verfeinert mit Likör

**8.** Die Biskuitplatte von der kurzen Seite aus aufrollen, mit der abgenommenen Mascarponecreme bestreichen, mit den beiseitegelegten Mandarinen belegen und mit der geraspelten Schokolade bestreuen. Die Tiramisu-Rolle zugedeckt etwa 2 Stunden in den Kühlschrank stellen.

# Milky-Way-Kirschrolle 16 Stücke

**PRO STÜCK:** E: 3 g, F: 12 g, Kh: 26 g, kJ: 948, kcal: 227, BE: 2,0
**ZUBEREITUNGSZEIT:** 50 Minuten, ohne Kühlzeit
**BACKZEIT:** 8–10 Minuten

### ZUM VORBEREITEN:

**400 g** Schlagsahne
**7 Riegel** Milky Way® (je 21,5 g)

### FÜR DEN BISKUITTEIG:

**3** Eier (Größe M)
**1** Eigelb (Größe M)
**75 g** Zucker
**1 Pck.** Dr. Oetker Vanillin-Zucker
**75 g** Weizenmehl
**15 g** Speisestärke
**½ gestr. TL** Dr. Oetker Backin
**2 EL** Zartbitter-Raspelschokolade

### FÜR DIE FÜLLUNG:

**130 g** abgetropfte Sauerkirschen (aus dem Glas)

**125 ml** Kirschsaft (aus dem Glas, evtl. mit Wasser aufgefüllt)

**75 ml** Wasser
**15 g** Speisestärke
**1 EL** Zucker

**2 Pck.** Sahnesteif

### ZUM GARNIEREN:

**1–2 Riegel** Milky Way® (je 21,5 g)
**einige** frische Kirschen

® Registered trademark of MARS.

**1.** Zum Vorbereiten Sahne erhitzen. Milky-Way®-Riegel grob zerkleinern, unter Rühren in der heißen Sahne auflösen. Die Sahne in eine Rührschüssel geben, erkalten lassen, anschließend mit Frischhaltefolie zugedeckt mehrere Stunden (am besten über Nacht) in den Kühlschrank stellen.

**2.** Den Backofen vorheizen.
Ober-/Unterhitze: etwa 200 °C, Heißluft: etwa 180 °C

**3.** Ein Backblech (30 x 40 cm) leicht fetten, mit Backpapier belegen. Das Backpapier an der schrägen Seite des Backblechs so zu einer Falte knicken, dass ein Rand entsteht.

**4.** Für den Teig Eier und Eigelb mit einem Mixer (Rührstäbe) auf höchster Stufe in 1 Minute schaumig schlagen. Zucker und Vanillin-Zucker mischen, in 1 Minute unter Rühren einstreuen, weitere 2 Minuten schlagen. Mehl mit Speisestärke und Backpulver mischen, auf die Eiercreme geben, kurz auf niedrigster Stufe unterrühren. Den Teig auf dem Backblech, glatt verstreichen und mit der Raspelschokolade bestreuen.

**5.** Das Backblech in den vorgeheizten Backofen schieben. Die Biskuitplatte **8–10 Minuten backen.**

**6.** Die Biskuitplatte vom Backblechrand lösen, sofort auf ein mit Zucker bestreutes Backpapier stürzen und mit dem mitgebackenen Backpapier erkalten lassen.

**7.** Für die Füllung Kirschsaft auffangen, 125 ml abmessen, und erhitzen. Wasser mit Speisestärke verrühren. Angerührte Speisestärke in den von der Kochstelle genommenen Saft rühren, unter Rühren aufkochen lassen. Topf von der Kochstelle nehmen. Kirschen und Zucker unterrühren, erkalten lassen.

**8.** Von der Biskuitplatte das mitgebackene Backpapier vorsichtig abziehen.

**9.** Kalt gestellte Milky-Way®-Sahne und Sahnesteif mit dem Mixer (Rührstäbe) auf höchster Stufe cremig aufschlagen. Gut zwei Drittel der Creme auf der Biskuitplatte verstreichen. Die Kirschmasse als dicken Streifen der Länge nach auf die Biskuitplatte geben. Platte mithilfe des Backpapiers von der längeren Seite aus aufrollen, mit der restlichen Creme verzieren.

**10.** Zum Garnieren Milky-Way®-Riegel klein hacken, auf die Kirschrolle streuen, mit abgespülten, trocken getupften Kirschen garnieren. Die Kirschrolle zugedeckt etwa 1 Stunde in den Kühlschrank stellen.

# Orangen-Ziegenfrischkäse-Rolle

14 Stücke

**PRO STÜCK:** E: 4 g, F: 10 g, Kh: 19 g, kJ: 756, kcal: 181, BE: 1,5
**ZUBEREITUNGSZEIT:** 60 Minuten, ohne Kühlzeit
**BACKZEIT:** 8–10 Minuten

**FÜR DEN BISKUITTEIG:**
**3** Eier (Größe M)
**1** Eigelb (Größe M)
**2 EL** heiße Milch
**70 g** brauner Zucker (Rohrzucker)
**70 g** Weizenmehl
**20 g** Speisestärke
**½ gestr. TL** Dr. Oetker Backin

**2–3** Stängel Minze

**FÜR DIE FÜLLUNG:**
**200 g** Orangenfilets, von 1 großen Orange
**1 Pck.** ungezuckerter Tortenguss, klar
**1 TL** brauner Zucker (Rohrzucker)
**etwa 200 ml** frisch gepresster Orangensaft (etwa 1 große Saftorange)
**3 Blatt** weiße Gelatine
**300 g** Ziegenfrischkäse, mild
**50 g** flüssiger Honig
**150 g** Schmand (Sauerrahm, 24 % Fett)
abgeriebene Schale von **½** Bio-Orange (unbehandelt, ungewachst)
**2 EL** Milch
**1 EL** klein geschnittene Minze

**evtl. einige** Orangenzesten und Minzeblättchen

**1.** Ein Backblech (30 x 40 cm) leicht fetten, mit Backpapier belegen. Das Backpapier an den schrägen Seite des Backblechs so zu einer Falte knicken, dass ein Rand entsteht.

**2.** Den Backofen vorheizen.
Ober-/Unterhitze: etwa 200 °C, Heißluft: etwa 180 °C

**3.** Für den Teig Eier, Eigelb und Milch mit einem Mixer (Rührstäbe) auf höchster Stufe in 1 Minute schaumig schlagen. Rohrzucker in 1 Minute unter Rühren einstreuen, weitere 2 Minuten schlagen. Mehl mit Speisestärke und Backpulver mischen, auf die Eiercreme geben, kurz auf niedrigster Stufe unterrühren. Den Teig auf dem Backblech glatt verstreichen. Minze abspülen, trocken tupfen, auf dem Teig verteilen. Das Backblech in den vorgeheizten Backofen schieben. Die Biskuitplatte **8–10 Minuten backen.**

**4.** Die Biskuitplatte vom Backblechrand lösen, sofort auf ein mit etwas Rohrzucker bestreutes Backpapier stürzen und mit dem mitgebackenen Backpapier erkalten lassen.

**5.** Für die Füllung Orangenfilets in kleine Stücke schneiden, in einem Sieb abtropfen lassen, Saft auffangen, mit dem frisch gepressten Orangensaft auf 200 ml auffüllen. Aus Tortengusspulver, Rohrzucker und Orangensaft einen Guss nach Packungsanleitung zubereiten, Orangenstücke unterheben.

**6.** Von der Biskuitplatte das mitgebackene Backpapier abziehen. Die Platte der Länge nach halbieren. Die noch warme Orangenmasse auf die beiden Biskuitplatten geben, glatt streichen und etwa 30 Minuten in den Kühlschrank stellen.

**7.** In der Zwischenzeit Gelatine nach Anleitung einweichen und auflösen. Ziegenfrischkäse mit Honig, Schmand und Orangenschale verrühren. Aufgelöste Gelatine zuerst mit Milch

verrühren, dann unter die Frischkäsemasse rühren (1 gehäuften Esslöffel abnehmen), Minze unterrühren. Schmandmasse auf die beiden bestrichenen Biskuitplatten streichen und nochmals etwa 30 Minuten in den Kühlschrank stellen.

**8.** Jede Biskuitplatte von der langen Seite aus mithilfe des Backpapiers aufrollen. Die abgenommene Frischkäsemasse in ein Pergamentpapiertütchen füllen, eine kleine Spitze abschneiden. Die Rollen damit verzieren und zugedeckt 2 Stunden in den Kühlschrank stellen. Rollen evtl. vor dem Servieren mit Orangenzesten und Minzeblättchen garnieren.

# Schoko-Karamell-Fleur-de-Sel-Rolle 14 Stücke

**PRO STÜCK:** E: 3 g, F: 16 g, Kh: 19 g, kJ: 978, kcal: 234, BE: 1,5
**ZUBEREITUNGSZEIT:** 45 Minuten, ohne Kühlzeit
**BACKZEIT:** 8–10 Minuten

**50 g** salzige Mini-Brezeln

**FÜR DEN BISKUITTEIG:**
**3** Eier (Größe M)
**1** Eigelb (Größe M)
**50 g** Zucker
**30 g** Weizenmehl

**FÜR DIE KARAMELL-FÜLLUNG:**
**70 g** Zucker
**125 g** Schlagsahne
**130 g** Butter
**¼ TL** Fleur de Sel

**FÜR DEN GUSS:**
**100 g** Zartbitter-Schokolade (etwa 50 % Kakaoanteil)
**25 g** Schlagsahne
**½ TL** Fleur de Sel und
**einige** salzige Mini-Brezeln

**1.** Mini-Brezeln in einem Blitzhacker fein zerbröseln. Ein Backblech fetten, mit Backpapier belegen. Das Backpapier an der schrägen Seite des Backblechs so zu einer Falte knicken, dass ein Rand um eine Fläche von 25 x 40 cm entsteht.

**2.** Den Backofen vorheizen.
Ober-/Unterhitze: etwa 200 °C, Heißluft: etwa 180 °C

**3.** Für den Teig Eier und Eigelb mit einem Mixer (Rührstäbe) auf höchster Stufe in 1 Minute schaumig schlagen. Zucker in 1 Minute unter Rühren einstreuen, weitere 2 Minuten schlagen. Mehl mit Brezelbröseln mischen, auf die Eiercreme geben, kurz auf niedrigster Stufe unterrühren. Teig auf dem Backblech glatt verstreichen. Backblech in den vorgeheizten Backofen schieben. Biskuitplatte **8–10 Minuten backen.**

**4.** Die Biskuitplatte vom Backblechrand lösen, sofort auf ein mit Zucker bestreutes Backpapier stürzen und mit dem mitgebackenen Backpapier erkalten lassen.

**5.** Für die Füllung Zucker goldbraun karamellisieren. Den Topf von der Kochstelle nehmen. Die Sahne vorsichtig zu dem Karamell geben, bei mittlerer Hitze unter Rühren zum Kochen bringen, bis sich die Karamellmasse gelöst hat. Topf von der Kochstelle nehmen, Butter unterrühren. Die Masse zugedeckt im Kühlschrank erkalten und fest werden lassen.

**6.** Von der Biskuitplatte mitgebackenes Backpapier vorsichtig abziehen, Platte zurück auf das Backpapier stürzen.

**7.** Die Sahnekaramellbutter mit einem Mixer (Rührstäbe) auf höchster Stufe zu einer Creme aufschlagen, Fleur de Sel unterrühren. Die Creme auf der Biskuitplatte verteilen, dann von der langen Seite aus aufrollen und etwa 30 Minuten in den Kühlschrank stellen.

**8.** Für den Guss Schokolade in Stücke brechen, mit Sahne in einem kleinen Topf im Wasserbad bei schwacher Hitze unter Rühren schmelzen. Aus knapp ¼ der Schokoladenmasse mit einem Teelöffel 14 runde Schokoladentaler (Ø etwa 2 cm) auf ein Backblech (mit Backpapier belegt) geben und mit Fleur de Sel bestreuen. Die Taler etwa 15 Minuten in den Kühlschrank stellen, bis die Schokolade fest geworden ist.

**9.** Restliche Schokoladensahne auf die gefüllte Biskuitrolle streichen, mit den Schokoladentalern und einigen Mini-Brezeln belegen. Die Schoko-Karamell-Fleur-de-Sel-Rolle nochmals zugedeckt etwa 1 ½ Stunden in den Kühlschrank stellen.

# Hugo-Biskuitrolle 16 Stücke

**PRO STÜCK:** E: 4 g, F: 8 g, Kh: 20 g, kJ: 721, kcal: 172, BE: 1,5
**ZUBEREITUNGSZEIT:** 40 Minuten, ohne Kühlzeit
**BACKZEIT:** 8–10 Minuten

**FÜR DEN BISKUITTEIG:**
**4** Eier (Größe M)
**1** Eigelb (Größe M)
**80 g** Zucker
**100 g** Weizenmehl
**½ gestr. TL** Dr. Oetker Backin

**FÜR DIE FÜLLUNG:**
**7 Blatt** weiße Gelatine
**150 ml** Holunderblüten-Sirup
**200 ml** Prosecco
abgeriebene Schale von **1** Bio-Limette (unbehandelt, ungewachst)
**1 EL** Limettensaft
**1 EL** klein geschnittene Minze
**300 g** Schlagsahne (mind. 30 % Fett)

**einige** Minzeblättchen

**1.** Ein Backblech (30 x 40 cm) leicht fetten, mit Backpapier belegen. Das Backpapier an der schrägen Seite des Backblechs so zu einer Falte knicken, dass ein Rand entsteht.

**2.** Den Backofen vorheizen.
Ober-/Unterhitze: etwa 200 °C, Heißluft: etwa 180 °C

**3.** Für den Teig Eier und Eigelb mit einem Mixer (Rührstäbe) auf höchster Stufe in 1 Minute schaumig schlagen. Zucker in 1 Minute unter Rühren einstreuen, weitere 2 Minuten schlagen. Mehl mit Backpulver mischen, auf die Eiercreme geben, kurz auf niedrigster Stufe unterrühren.

**4.** Den Teig auf dem Backblech glatt verstreichen. Das Backblech in den vorgeheizten Backofen schieben. Die Biskuitplatte **8–10 Minuten backen.**

**5.** Die Biskuitplatte vom Backblechrand lösen, sofort auf ein mit Zucker bestreutes Backpapier stürzen und mit dem mitgebackenen Backpapier erkalten lassen.

**6.** Für die Füllung Gelatine nach Packungsanleitung einweichen und auflösen. Sirup und Prosecco in eine Schüssel geben. Aufgelöste Gelatine zuerst mit etwa 4 Esslöffeln von der Holunder-Prosecco-Mischung verrühren, dann unter die restliche Holunder-Prosecco-Mischung rühren. Limettenschale und -saft mit der klein geschnittenen Minze zu der Holunder-Prosecco-Mischung geben und zugedeckt in den Kühlschrank stellen, dabei zwischendurch umrühren.

**7.** Sahne steif schlagen. Wenn die Holunder-Prosecco-Mischung anfängt zu gelieren, die Sahne unterheben.

**8.** Von der Biskuitplatte das mitgebackene Backpapier vorsichtig abziehen. Platte zurück auf das Backpapier stürzen. Die Holunder-Sahne-Creme (6 Esslöffel abnehmen) auf der Biskuitplatte glatt verstreichen. Die Biskuitplatte mithilfe des

# Sommergenuss mit Schwips

Backpapiers von der langen Seite aus aufrollen. Die Rolle mit der abgenommenen Creme bestreichen. Mit abgespülten, abgetrockneten Minzeblättchen belegen, dabei die Blättchen etwas in die Creme drücken. Die „Hugo-Biskuitrolle“ zugedeckt 2 Stunden in den Kühlschrank stellen.

# Erdbeer-Matchatee-Rolle 14 Stücke

**PRO STÜCK:** E: 4 g, F: 5 g, Kh: 18 g, kJ: 575, kcal: 137, BE: 1,5
**ZUBEREITUNGSZEIT:** 40 Minuten, ohne Kühlzeit
**BACKZEIT:** 8–10 Minuten

**FÜR DEN BISKUITTEIG:**

**3** Eier (Größe M)
**1** Eigelb (Größe M)
**70 g** Zucker
**80 g** Weizenmehl
**½ gestr. TL** Dr. Oetker Backin
**2 TL** (etwa 6 g) Koch-Matchatee-pulver (Grünteepulver, erhältlich in Asia- oder Teeläden)

**FÜR DIE FÜLLUNG:**

**175 g** vorbereitete Erdbeeren
**5 Blatt** weiße Gelatine
**100 g** Schlagsahne
**300 g** Vanillequark

**ZUM GARNIEREN:**

**etwa 100 g** vorbereitete Erdbeeren
**2 EL** passierte Aprikosenkonfitüre
**1 TL** Zitronensaft

**1.** Ein Backblech leicht fetten, mit Backpapier belegen. Das Backpapier an der schrägen Seite des Backblechs so zu einer Falte knicken, dass ein Rand um eine Fläche von 25 x 40 cm entsteht.

**2.** Den Backofen vorheizen.
Ober-/Unterhitze: etwa 200 °C, Heißluft: etwa 180 °C

**3.** Für den Biskuitteig Eier und Eigelb mit einem Mixer (Rührstäbe) auf höchster Stufe in 1 Minute schaumig schlagen. Zucker in 1 Minute unter Rühren einstreuen, weitere 2 Minuten schlagen. Mehl mit Backpulver und dem Matchateepulver mischen, auf die Eiercreme geben, kurz auf niedrigster Stufe unterrühren. Den Teig auf dem Backblech glatt verstreichen. Das Backblech in den vorgeheizten Backofen schieben. Die Biskuitplatte **8–10 Minuten backen.**

**4.** Die Biskuitplatte vom Backblechrand lösen, sofort auf ein mit Zucker bestreutes Backpapier stürzen und mit dem mitgebackenen Backpapier erkalten lassen.

**5.** Für die Füllung Erdbeeren in kleine Stücke schneiden. Gelatine nach Packungsanleitung einweichen und auflösen, die Sahne unterrühren. Vanillequark in eine Schüssel geben, die Sahne-Gelatine-Masse unterrühren und zugedeckt etwa 30 Minuten in den Kühlschrank stellen, bis die Quarkmasse anfängt zu gelieren.

**6.** Von der Biskuitplatte das mitgebackene Backpapier vorsichtig abziehen, Platte zurück auf das Backpapier stürzen. Die Quarkmasse auf die Biskuitplatte streichen. Die Erdbeerstücke in die Mitte der bestrichenen Biskuitplatte geben und verteilen, dabei die Stücke etwas in die Quarkmasse drücken. Die Biskuitplatte etwa 30 Minuten in den Kühlschrank stellen, bis die Quarkmasse fest geworden ist. Dann die Biskuitplatte mithilfe des Backpapiers von der langen Seite aus aufrollen.

**7.** Zum Garnieren die Erdbeeren in Scheiben schneiden und auf die Matchatee-Rolle legen. Konfitüre mit dem Zitronensaft kurz aufkochen, die Erdbeerscheiben damit bestreichen. Die Matchatee-Rolle zugedeckt etwa 1 ½ Stunden in den Kühlschrank stellen.

# „Süße Speck"-Rolle 14 Stücke

**PRO STÜCK:** E: 3 g, F: 3 g, Kh: 19 g, kJ: 506, kcal: 121, BE: 1,5
**ZUBEREITUNGSZEIT:** 45 Minuten, ohne Kühlzeit
**BACKZEIT:** 8–10 Minuten

### FÜR DEN BISKUITTEIG:

**3** Eier (Größe M)
**1** Eigelb (Größe M)
**60 g** Zucker
**1 Pck.** Dr. Oetker Pudding-Pulver Schokoladen-Geschmack
**1 Msp.** Dr. Oetker Backin

### FÜR DIE FÜLLUNG:

**125 ml** Milch (3,5 % Fett)
**100 g** Süßer Speck (Schaumzucker)
**2 Blatt** weiße Gelatine
**200 g** Joghurt, griechische Art
**3 EL** Zitronensaft
**1** Banane
**25 g** Süßer Speck (Schaumzucker)

### ZUM GARNIEREN:

**etwa 25 g** Süßer Speck (Schaumzucker)

**1.** Ein Backblech leicht fetten, mit Backpapier belegen. Das Backpapier an der schrägen Seite des Backblechs so zu einer Falte knicken, dass ein Rand um eine Fläche von 25 x 40 cm entsteht.

**2.** Den Backofen vorheizen.
Ober-/Unterhitze: etwa 200 °C, Heißluft: etwa 180 °C

**3.** Für den Teig Eier und Eigelb mit einem Mixer (Rührstäbe) auf höchster Stufe in 1 Minute schaumig schlagen. Zucker in 1 Minute unter Rühren einstreuen, weitere 2 Minuten schlagen. Pudding-Pulver mit Backpulver mischen, auf die Eiercreme geben, kurz auf niedrigster Stufe unterrühren. Den Teig auf dem Backblech glatt verstreichen, in den vorgeheizten Backofen schieben. Die Biskuitplatte **8–10 Minuten backen.**

**4.** Die Biskuitplatte vom Backblechrand lösen, sofort auf ein mit Zucker bestreutes Backpapier stürzen und mit dem mitgebackenen Backpapier erkalten lassen.

**5.** Für die Füllung Milch in einem Topf zum Kochen bringen, süßen Speck hinzugeben, bei schwacher Hitze unter Rühren schmelzen. Gelatine nach Packungsanleitung einweichen, leicht ausdrücken, in der heißen Milchflüssigkeit unter Rühren auflösen, erkalten lassen, dabei zwischendurch umrühren. Wenn die Milchflüssigkeit anfängt zu gelieren, Joghurt und 2 Esslöffel Zitronensaft unterrühren. Banane längs halbieren und mit restlichem Zitronensaft bestreichen.

**6.** Von der Biskuitplatte das mitgebackene Backpapier vorsichtig abziehen, die Platte zurück auf das Backpapier stürzen. Die Milchschaummasse auf die Biskuitplatte streichen. Bananenhälften und den süßen Speck in die Mitte der bestrichenen Biskuitplatte legen, etwas in die Creme drücken, etwa 15 Minuten in den Kühlschrank stellen. Die Biskuitplatte mithilfe des Backpapiers von der langen Seite aus aufrollen. Die Rolle zugedeckt etwa 2 Stunden in den Kühlschrank stellen.

**7.** Kurz vor dem Servieren die Speckrolle mit süßem Speck garnieren, dazu die süßen Speckteile etwa 1 mm tief von einer Seite kurz in heiße Milch tauchen, auf die Speck-Rolle legen und leicht andrücken.

# Blueberry-Cheese-Rolle 16 Stücke

**PRO STÜCK:** E: 6 g, F: 11 g, Kh: 22 g, kJ: 887, kcal: 212, BE: 2,0
**ZUBEREITUNGSZEIT:** 40 Minuten, ohne Auftau- und Kühlzeit
**BACKZEIT:** 8–10 Minuten

**FÜR DEN BISKUITTEIG:**
**3** Eier (Größe M)
**1** Eigelb (Größe M)
**80 g** Zucker
**1 Pck.** Dr. Oetker Vanillin-Zucker
**90 g** Weizenmehl
**½ gestr. TL** Dr. Oetker Backin

**FÜR DIE FÜLLUNG:**
**300 g** TK-Heidelbeeren
**50 g** brauner Zucker (Rohrzucker)
**1 Pck.** ungezuckerter Tortenguss, klar
**1 TL** brauner Zucker (Rohrzucker)
**200 ml** Heidelbeersaft (von den Heidelbeeren)
**1** Bio-Zitrone (unbehandelt, ungewachst)
**400 g** Doppelrahm-Frischkäse
**200 g** Joghurt (3,5 % Fett)
**1 Pck.** (2 Beutel) Gelatine fix
**40 g** Zucker
**1 EL** Zitronensaft

**200 g** frische Heidelbeeren
**etwa 40 g** geriebene Vollmilch-Schokolade
**etwas** Puderzucker zum Bestäuben

**1.** Ein Backblech leicht fetten, mit Backpapier belegen. Das Backpapier an der schrägen Seite des Backblechs so zu einer Falte knicken, dass ein Rand um eine Fläche von 28 x 40 cm entsteht.

**2.** Den Backofen vorheizen.
Ober-/Unterhitze: etwa 200 °C, Heißluft: etwa 180 °C

**3.** Für den Teig Eier und Eigelb mit einem Mixer (Rührstäbe) auf höchster Stufe in 1 Minute schaumig schlagen. Zucker mit Vanillin-Zucker mischen, in 1 Minute unter Rühren einstreuen, dann noch weitere 2 Minuten schlagen. Mehl mit Backpulver mischen, auf die Eiercreme geben, kurz auf niedrigster Stufe unterrühren. Den Teig auf dem Backblech glatt verstreichen. Das Backblech in den vorgeheizten Backofen schieben. Die Biskuitplatte **8–10 Minuten backen.**

**4.** Die Biskuitplatte vom Backblechrand lösen, sofort auf ein mit Zucker bestreutes Backpapier stürzen und mit dem Backpapier erkalten lassen.

**5.** Für die Füllung die gefrorenen Heidelbeeren mit Rohrzucker in einer Schüssel mischen und auftauen lassen. Beeren in einem Sieb abtropfen lassen, Saft dabei auffangen und 200 ml abmessen (evtl. mit Wasser auffüllen). Aus Tortengusspulver, Rohrzucker und Heidelbeersaft einen Guss nach Packungsanleitung zubereiten. Die Heidelbeeren unterrühren, Fruchtmasse erkalten lassen.

**6.** Zitrone heiß abwaschen, abtrocknen, Schale fein abreiben. Zitrone halbieren und 1 Esslöffel Saft auspressen. Frischkäse und Joghurt mit dem Mixer (Rührstäbe) glatt rühren. Gelatine fix in etwa 1 Minute in die Frischkäsemasse rühren. Zucker, Zitronenschale und -saft unterrühren.

**7.** Von der Biskuitplatte das mitgebackene Backpapier vorsichtig abziehen. Die Platte so halbieren, dass 2 Hälften (je

28 x 20 cm) entstehen. Drei Viertel von der Frischkäsemasse auf den beiden Biskuithälften gleichmäßig verstreichen und in den Kühlschrank stellen, bis die Frischkäsemasse etwas fest geworden ist (etwa 30 Minuten). Die restliche Frischkäsemasse in einen Spritzbeutel mit Sterntülle (Ø ½ cm) füllen.

**8.** Jeweils die Hälfte der Heidelbeermasse auf einer Biskuithälfte verstreichen, dabei an den langen Seiten einen etwa 2 ½ cm breiten Rand frei lassen. Die Platten mithilfe des Backpapiers jeweils von der langen Seite aus aufrollen. Die Rollen mit der Frischkäsemasse aus dem Spritzbeutel verzieren. Heidelbeeren verlesen, evtl. entstielen, abspülen und sehr gut abtropfen lassen. Die Biskuitrollen damit belegen und mit der Schokolade bestreuen. Die Blueberry-Cheese-Rollen zugedeckt etwa 2 Stunden in den Kühlschrank stellen. Zum Servieren mit Puderzucker bestäuben.

# Zitronen-Aprikosen-Biskuitrolle

(Titelrezept) 16 Stücke

**PRO STÜCK:** E: 7 g, F: 9 g, Kh: 19 g, kJ: 772, kcal: 185, BE: 1,5
**ZUBEREITUNGSZEIT:** 40 Minuten, ohne Kühlzeit
**BACKZEIT:** 10–12 Minuten

**FÜR DEN BISKUITTEIG:**

**4** Eier (Größe M)

**1** Eigelb (Größe M)

**80 g** Zucker

**1 gestr. TL** Dr. Oetker Finesse Geriebene Zitronenschale

**100 g** Weizenmehl

**1 gestr. TL** Dr. Oetker Backin

**FÜR DIE FÜLLUNG:**

**3 Blatt** weiße Gelatine

**400 g** Speisequark (20 % Fett)

**80 g** Zucker

**4 EL** frisch gepresster Zitronensaft

**1 Pck.** Dr. Oetker Finesse Geriebene Zitronenschale

**200 g** Schlagsahne (mind. 30 % Fett)

**150 g** abgetropfte Aprikosenhälften (aus der Dose)

**ZUM GARNIEREN:**

**1** Bio-Zitrone (unbehandelt, ungewachst)

**50 g** gehobelte Mandeln

1. Ein Backblech (30 x 40 cm) leicht fetten, mit Backpapier belegen. Das Backpapier an der schrägen Seite des Backblechs so zu einer Falte knicken, dass ein Rand entsteht.

2. Den Backofen vorheizen.
Ober-/Unterhitze: etwa 200 °C, Heißluft: etwa 180 °C

3. Für den Teig Eier und Eigelb mit einem Mixer (Rührstäbe) auf höchster Stufe in 1 Minute schaumig schlagen. Zucker in 1 Minute unter Rühren einstreuen, weitere 2 Minuten schlagen, Zitronenschale unterrühren. Mehl mit Backpulver mischen, auf die Eiercreme geben, kurz auf niedrigster Stufe unterrühren. Den Teig auf dem Backblech glatt verstreichen. Das Backblech in den vorgeheizten Backofen schieben. Die Biskuitplatte **10–12 Minuten backen.**

4. Die Biskuitplatte vom Backblechrand lösen, sofort auf ein mit Zucker bestreutes Backpapier stürzen und mit dem mitgebackenen Backpapier erkalten lassen.

5. Für die Füllung Gelatine nach Packungsanleitung einweichen und auflösen. Quark mit Zucker, Zitronensaft und -schale glatt rühren. Sahne steif schlagen.

6. Die aufgelöste Gelatine unter die Quarkmasse rühren. Aprikosenhälften in kleine Würfel schneiden, mit der Sahne unter die Quarkmasse heben.

7. Von der Biskuitplatte das mitgebackene Backpapier abziehen. Zwei Drittel der Quarkcreme auf der Biskuitplatte verstreichen. Biskuitplatte mithilfe des Backpapiers von der langen Seite aus aufrollen. Mit der restlichen Quarkcreme rundherum einstreichen und zugedeckt 1 ½ Stunden in den Kühlschrank stellen.

**8.** Zum Garnieren die Zitrone heiß abwaschen, abtrocknen, Schale mit einem Zestenreißer abziehen, in feine Streifen schneiden. Mandeln in einer Pfanne ohne Fett unter Rühren goldbraun rösten, erkalten lassen. Biskuitrolle vor dem Servieren mit Zitronenschalenstreifen und Mandeln garnieren.

# Tigerrolle 16 Stücke

**PRO STÜCK:** E: 4 g, F: 3 g, Kh: 18 g, kJ: 485, kcal: 116, BE: 1,5
**ZUBEREITUNGSZEIT:** 40 Minuten, ohne Kühlzeit
**BACKZEIT:** 10–12 Minuten

### FÜR DEN BISKUITTEIG:

**3** Eier (Größe M)
**100 g** Zucker
**1 Pck.** Dr. Oetker Vanillin-Zucker
**½ Pck.** Dr. Oetker Finesse Geriebene Zitronenschale
**100 g** Weizenmehl
**¼ gestr. TL** Dr. Oetker Backin

**1 TL** gesiebtes Kakaopulver

### FÜR DIE FÜLLUNG:

**6 Blatt** weiße Gelatine
**250 g** abgetropfte Pfirsichhälften (aus der Dose)
**2 EL** Zitronensaft
**150 ml** Multivitaminsaft
**200 g** fettreduzierter Frischkäse mit Joghurt (13 % Fett)
**40 g** Puderzucker

**1.** Ein Backblech (30 x 40 cm) leicht fetten, mit Backpapier belegen. Das Backpapier an der schrägen Seite des Backblechs so zu einer Falte knicken, dass ein Rand entsteht.

**2.** Den Backofen vorheizen.
Ober-/Unterhitze: etwa 200 °C, Heißluft: etwa 180 °C

**3.** Für den Teig Eier mit einem Mixer (Rührstäbe) auf höchster Stufe in 1 Minute schaumig schlagen. Zucker mit Vanillin-Zucker und Zitronenschale mischen, in 1 Minute unter Rühren einstreuen, weitere 2 Minuten schlagen. Mehl mit Backpulver mischen, auf die Eiercreme geben, kurz auf niedrigster Stufe unterrühren.

**4.** Für den dunklen Teig ein Drittel des Teiges abnehmen, Kakao kurz unterrühren. Den dunklen Teig mit einem Esslöffel in unregelmäßigen Querstreifen auf das Backblech geben. Den hellen Teig in die Teigzwischenräume geben, mit einer Teigkarte vorsichtig glatt streichen. Der helle und dunkle Teig sollen das Muster eines Tigerfells ergeben. Das Backblech in den vorgeheizten Backofen schieben. Die Biskuitplatte **10–12 Minuten backen.**

**5.** Die Biskuitplatte vom Backblechrand lösen, sofort auf ein mit Zucker bestreutes Backpapier stürzen und mit dem mitgebackenen Backpapier erkalten lassen.

**6.** Für die Füllung Gelatine nach Packungsanleitung einweichen. Pfirsichhälften fein würfeln.

**7.** Gelatine leicht ausdrücken, mit Zitronensaft in einem kleinen Topf bei schwacher Hitze unter Rühren auflösen. Die Hälfte des Multivitaminsaftes unter die Gelatine rühren, dann mit dem restlichen Multivitaminsaft verrühren. Die Saft-Gelatine-Mischung in den Kühlschrank stellen.

**8.** Frischkäse und Puderzucker verrühren. Sobald die Saft-Gelatine-Mischung anfängt zu gelieren, Frischkäse unterrühren, Pfirsichwürfel unterheben.

**9.** Von der Biskuitplatte das mitgebackene Backpapier vorsichtig abziehen. Die Frischkäsemasse auf der Biskuitplatte glatt verstreichen, mithilfe des Backpapiers von der längeren Seite aus aufrollen. Die Rolle etwa 2 Stunden in den Kühlschrank stellen.

# Mango-Biskuitrolle 16 Stücke

**PRO STÜCK:** E: 3 g, F: 10 g, Kh: 25 g, kJ: 841, kcal: 201, BE: 2,0
**ZUBEREITUNGSZEIT:** 40 Minuten, ohne Kühlzeit
**BACKZEIT:** 8–10 Minuten

### FÜR DEN BISKUITTEIG:
**4** Eier (Größe M)
**1** Eigelb (Größe M)
**80 g** Zucker
**90 g** Weizenmehl
**½ gestr. TL** Dr. Oetker Backin

### FÜR DIE FÜLLUNG:
**100 g** Aprikosenkonfitüre
abgeriebene Schale von **1** Bio-Zitrone (unbehandelt, ungewachst)
**1** reife Mango (etwa 250 g Fruchtfleisch, vorbereitet gewogen)
**1 Pck.** Sahnesteif
**400 g** Schlagsahne (mind. 30 % Fett)
**2 Pck.** Sahnesteif
**50 g** Zucker
**1 EL** Zitronensaft

### ZUM BESTÄUBEN:
**etwa 50 g** Puderzucker

1. Ein Backblech (30 x 40 cm) leicht fetten, mit Backpapier belegen. Das Backpapier an der schrägen Seite des Backblechs so zu einer Falte knicken, dass ein Rand entsteht.

2. Den Backofen vorheizen.
Ober/ Unterhitze: etwa 200 °C, Heißluft: etwa 180 °C

3. Für den Teig Eier und Eigelb mit einem Mixer (Rührstäbe) auf höchster Stufe in 1 Minute schaumig schlagen. Zucker in 1 Minute unter Rühren einstreuen, weitere 2 Minuten schlagen. Mehl mit Backpulver mischen, auf die Eiercreme geben, kurz auf niedrigster Stufe unterrühren.

4. Den Teig auf dem Backblech glatt verstreichen. Das Backblech in den vorgeheizten Backofen schieben. Die Biskuitplatte **8–10 Minuten backen.**

5. Die Biskuitplatte vom Backblechrand lösen, sofort auf ein mit Zucker bestreutes Backpapier stürzen und mit dem mitgebackenen Backpapier erkalten lassen.

6. Für die Füllung Konfitüre mit Zitronenschale verrühren. Von der Mango das Fruchtfleisch vom Stein schneiden, in kleine Würfel schneiden und mit Sahnesteif verrühren. Sahne mit Sahnesteif und Zucker steif schlagen, Zitronensaft unterrühren und die Mangostücke unterheben.

7. Von der Biskuitplatte das mitgebackene Backpapier abziehen. Konfitüre auf die Biskuitplatte streichen, die Platte senkrecht halbieren, sodass 2 Rechtecke (30 x 20 cm) entstehen. Die Mangosahne jeweils bergartig auf die Mitte der beiden Biskuitplatten geben und verstreichen. Die bestrichenen Platten mithilfe des Backpapiers so um die Mangosahne legen, dass die Gebäckkanten aneinanderstoßen. Mangorollen mit der Nahtstelle nach unten auf eine Platte legen, zugedeckt etwa 2 ½ Stunden in den Kühlschrank stellen. Mango-Biskuitrollen vor dem Servieren mit Puderzucker bestäuben.

exotisch

# Rote Beerenrolle 14 Stücke

**PRO STÜCK:** E: 2 g, F: 3 g, Kh: 16 g, kJ: 428, kcal: 102, BE: 1,5
**ZUBEREITUNGSZEIT:** 40 Minuten, ohne Antau- und Kühlzeit
**BACKZEIT:** 8–10 Minuten

**FÜR DEN BISKUITTEIG:**
**3** Eier (Größe M)
**1** Eigelb (Größe M)
**2 EL** heißes Wasser
**70 g** Zucker
**10 g** Johannisbeer-Fruchtpulver, gefriergetrocknet (erhältlich im Feinkostladen oder Internet)
**etwa 15** Tropfen rote Speisefarbe
**70 g** Weizenmehl
**1 Msp.** Dr. Oetker Backin

**FÜR DIE FÜLLUNG:**
**300 g** TK-Beerenmischung
**1 TL + 40 g** Zucker
**1 Pck.** ungezuckerter Tortenguss, klar
**1 TL** Zucker
**50 g** Schlagsahne

**1.** Ein Backblech leicht fetten und mit Backpapier belegen. Backpapier an der schrägen Seite des Backblechs so zu einer Falte knicken, dass ein Rand um eine Fläche von 25 x 40 cm entsteht.

**2.** Den Backofen vorheizen.
Ober-/Unterhitze: etwa 200 °C, Heißluft: etwa 180 °C

**3.** Für den Teig Eier, Eigelb und Wasser mit einem Mixer (Rührstäbe) auf höchster Stufe in 1 Minute schaumig schlagen. Zucker mit dem Fruchtpulver mischen, in 1 Minute unter Rühren einstreuen. Speisefarbe hinzugeben, noch weitere 2 Minuten schlagen. Mehl mit Backpulver mischen, auf die Eiercreme geben, kurz auf niedrigster Stufe unterrühren. Teig auf dem Backblech glatt verstreichen und in den vorgeheizten Backofen schieben. Biskuitplatte **8–10 Minuten backen.**

**4.** Die Biskuitplatte vom Backblechrand lösen, sofort auf ein mit Zucker bestreutes Backpapier stürzen und mit dem mitgebackenen Backpapier erkalten lassen.

**5.** Für die Füllung von der Beerenmischung 75 g rote und schwarze Johannisbeeren abwiegen, mit 1 Teelöffel Zucker bestreuen, in den Kühlschrank stellen. Restliche Beeren mit Zucker (40 g) bestreuen, antauen lassen. Dann Beeren pürieren.

**6.** Von der Biskuitplatte das mitgebackene Backpapier vorsichtig abziehen. Die Biskuitplatte wieder zurück auf das Backpapier stürzen.

**7.** Aus Tortengusspulver, 1 Teelöffel Zucker, Fruchtpüree und Sahne einen Guss nach Packungsanleitung zubereiten. Den Guss sofort auf der Biskuitplatte verteilen und die Platte etwa 15 Minuten in den Kühlschrank stellen, Guss fest werden lassen. Anschließend die Biskuitplatte mithilfe des Backpapiers von der langen Seite aus aufrollen. Die Beerenrolle zugedeckt etwa 1 Stunde in den Kühlschrank stellen.

# für den „Beerenhunger“

**8.** Die Beerenrolle in Scheiben schneiden und mit den abgewogenen gezuckerten Johannisbeeren servieren.

**Tipps:** Servieren Sie die Beerenrolle als Dessert zusätzlich mit Vanilleeis.

# Zebrarolle mit Erdbeeren 16 Stücke

**PRO STÜCK:** E: 4 g, F: 14 g, Kh: 25 g, kJ: 1017, kcal: 243, BE: 2,0
**ZUBEREITUNGSZEIT:** 40 Minuten, ohne Kühlzeit
**BACKZEIT:** 8–10 Minuten

**FÜR DEN BISKUITTEIG:**
**3** Eier (Größe M)
**1** Eigelb (Größe M)
**150 g** Zucker
**1 Pck.** Dr. Oetker Vanillin-Zucker
**100 g** Weizenmehl
**25 g** Speisestärke
**1 gestr. TL** Dr. Oetker Backin
**20 g** gesiebtes Kakaopulver
**1 EL** Wasser

**FÜR DIE FÜLLUNG:**
**250 g** Erdbeeren
**200 g** Erdbeerjoghurt
**600 g** Schlagsahne (mind. 30 % Fett)
**50 g** Zucker
**2 Pck.** Sahnesteif

**einige** frische Erdbeeren

**1.** Ein Backblech (30 x 40 cm) leicht fetten, mit Backpapier belegen. Das Backpapier an der schrägen Seite des Backblechs so zu einer Falte knicken, dass ein Rand entsteht.

**2.** Den Backofen vorheizen.
Ober-/Unterhitze: etwa 200 °C, Heißluft: etwa 180 °C

**3.** Für den Teig Eier und Eigelb mit einem Mixer (Rührstäbe) auf höchster Stufe in 1 Minute schaumig schlagen. Zucker und Vanillin-Zucker mischen, in 1 Minute unter Rühren einstreuen, weitere 2 Minuten schlagen. Mehl mit Speisestärke und Backpulver mischen, auf die Eiercreme geben, kurz auf niedrigster Stufe unterrühren. Gut zwei Drittel des Teiges auf dem Backblech verstreichen.

**4.** Unter den restlichen Teig kurz Kakao und Wasser rühren, in einen Gefrierbeutel geben, eine Ecke abschneiden und diagonale Streifen auf den hellen Teig spritzen. Backblech in den vorgeheizten Backofen schieben. Biskuitplatte **8–10 Minuten backen.**

**5.** Die Biskuitplatte vom Backblechrand lösen, sofort auf ein mit Zucker bestreutes Backpapier stürzen und mit dem mitgebackenen Backpapier erkalten lassen.

**6.** Für die Füllung Erdbeeren putzen, abspülen, trocken tupfen, entstielen, in Stücke schneiden. Von der Biskuitplatte das mitgebackene Backpapier vorsichtig abziehen. Die Biskuitplatte mit dem Erdbeerjoghurt bestreichen.

**7.** Sahne mit Zucker und Sahnesteif steif schlagen. Etwas Sahne in einen Spritzbeutel mit kleiner Lochtülle (ø ½ cm) geben, in den Kühlschrank legen. Erdbeerstücke unter die restliche Sahne heben, auf der Biskuitplatte verteilen und mithilfe des Backpapiers von der längeren Seite aus aufrollen. Die Rolle zugedeckt 2–3 Stunden in den Kühlschrank stellen.

**8.** Erdbeeren abspülen, trocken tupfen, mit dem Grün halbieren. Kurz vor dem Servieren die Zebrarolle mit der Sahne aus dem Spritzbeutel verzieren und mit den Erdbeeren belegen.

# Apfelrolle 16 Stücke

**PRO STÜCK:** E: 4 g, F: 9 g, Kh: 23 g, kJ: 801, kcal: 191, BE: 2,0
**ZUBEREITUNGSZEIT:** 50 Minuten, ohne Kühlzeit
**BACKZEIT:** 8–10 Minuten

**ZUM VORBEREITEN:**
**4** grüne Äpfel, z. B. Golden Delicious (etwa 650 g)

**50 ml** Wasser
**60 g** Zucker
**1 EL** Zitronensaft

**FÜR DEN BISKUITTEIG:**
**4** Eier (Größe M)
**1** Eigelb (Größe M)
**90 g** Zucker
**1 Pck.** Dr. Oetker Vanillin-Zucker
**100 g** Weizenmehl
**½ gestr. TL** Dr. Oetker Backin
**30 g** zerlassene, abgekühlte Butter

**FÜR DIE FÜLLUNG:**
**6 Blatt** weiße Gelatine
**300 g** Schlagsahne (mind. 30 % Fett)
**1 TL** Zucker
**1 Pck.** Dr. Oetker Vanillin-Zucker

**etwa 50 g** Apfel- oder Quittengelee zum Bestreichen

**1.** Zum Vorbereiten einen Apfel heiß abwaschen, abtrocknen. Kerngehäuse mit einem Apfelausstecher entfernen. Apfel in sehr dünne Scheiben (etwa 2 mm) schneiden. Wasser mit Zucker und Zitronensaft zum Kochen bringen. Apfelscheiben in die Flüssigkeit geben, etwa 2 Minuten kochen lassen. Dann Apfelscheiben in einem Sieb abtropfen lassen, Saft auffangen. Apfelscheiben erkalten lassen, auf einen Teller legen, mit Küchenpapier abtupfen.

**2.** Aufgefangenen Saft wieder in den Topf geben. Restliche Äpfel schälen, vierteln, entkernen, klein schneiden, in den Topf geben, zum Kochen bringen, weich kochen lassen. Dann mit einer Gabel etwas zerdrücken. Apfelkompott erkalten lassen.

**3.** Ein Backblech (30 x 40 cm) fetten, mit Backpapier belegen. Backpapier an der schrägen Seite des Backblechs so zu einer Falte knicken, dass ein Rand entsteht. Apfelscheiben auf dem Backblech verteilen.

**4.** Den Backofen vorheizen.
Ober-/Unterhitze: etwa 200 °C, Heißluft: etwa 180 °C

**5.** Für den Teig Eier und Eigelb mit einem Mixer (Rührstäbe) auf höchster Stufe in 1 Minute schaumig schlagen. Zucker und Vanillin-Zucker mischen, in 1 Minute unter Rühren einstreuen, weitere 2 Minuten schlagen. Mehl mit Backpulver mischen, auf die Eiercreme geben, kurz auf niedrigster Stufe unterrühren, Butter kurz unterrühren. Teig auf den Apfelscheiben (Backblech) glatt verstreichen und in den vorgeheizten Backofen schieben. Biskuitplatte **8–10 Minuten backen.**

**6.** Die Biskuitplatte vom Backblechrand lösen, sofort auf ein mit Zucker bestreutes Backpapier stürzen, mit dem mitgebackenen Backpapier erkalten lassen.

**7.** Für die Füllung Gelatine nach Packungsanleitung einweichen und auflösen. Sahne mit Zucker und Vanillin-Zucker

steif schlagen. Aufgelöste Gelatine zuerst mit 4 Esslöffeln der Sahne verrühren, dann unter die restliche Sahne rühren, Apfelkompott unterheben.

**8.** Das mitgebackene Backpapier vorsichtig von der Biskuitplatte abziehen, Platte zurück auf das Backpapier stürzen. Apfelsahne auf die nicht mit Apfelscheiben belegte Seite der Biskuitplatte geben, glatt streichen, etwa 30 Minuten in den Kühlschrank stellen. Dann die Biskuitplatte mithilfe des Backpapiers von der langen Seite aus aufrollen, zugedeckt nochmals 1 Stunde in den Kühlschrank stellen. Gelee in einem Topf erhitzen, die Apfelscheiben damit bestreichen.

# Mohnrolle mit Feigen 15 Stück

**PRO STÜCK:** E: 6 g, F: 7 g, Kh: 22 g, kJ: 722, kcal: 173, BE: 2,0
**ZUBEREITUNGSZEIT:** 40 Minuten, ohne Kühlzeit
**BACKZEIT:** 8–10 Minuten

**FÜR DEN BISKUITTEIG:**
**4** Eier (Größe M)
**1** Eigelb (Größe M)
**2 EL** heißes Wasser
**90 g** Zucker
**100 g** Weizenmehl
**½ gestr. TL** Dr. Oetker Backin
**20 g** ganze Mohnsamen

**FÜR DIE FÜLLUNG:**
**250 ml** Milch (3,5 % Fett)
**60 g** ganze Mohnsamen
**25 g** Zucker
Schale von **¼** Bio-Zitrone (unbehandelt, ungewachst)
**1 Stück** Stangenzimt
**6 Blatt** weiße Gelatine
**210 g** abgetropfte grüne Feigen (aus der Dose)

**300 g** Sahne-Pudding Bourbon-Vanille (aus dem Kühlregal)

**FÜR DEN GUSS:**
**1 Pck.** ungezuckerter Tortenguss, klar
**1 TL** Zucker
**250 ml** Feigensaft, evtl. mit Wasser aufgefüllt (aus der Dose)

**1.** Ein Backblech (30 x 40 cm) leicht fetten, mit Backpapier belegen. Das Backpapier an der schrägen Seite des Backblechs so zu einer Falte knicken, dass ein Rand entsteht.

**2.** Den Backofen vorheizen.
Ober-/Unterhitze: etwa 200 °C, Heißluft: etwa 180 °C

**3.** Für den Teig Eier, Eigelb und Wasser mit einem Mixer (Rührstäbe) auf höchster Stufe in 1 Minute schaumig schlagen. Zucker in 1 Minute unter Rühren einstreuen, weitere 2 Minuten schlagen. Mehl mit Backpulver mischen, auf die Eiercreme geben, kurz auf niedrigster Stufe unterrühren.

**4.** Drei Viertel des Teiges auf dem Backblech glatt verstreichen. Unter den restlichen Teig den Mohn rühren und mithilfe eines Esslöffels den Mohnteig in länglichen Streifen auf dem Biskuitteig verteilen. Das Backblech in den vorgeheizten Backofen schieben. Die Biskuitplatte **8–10 Minuten backen.**

**5.** Die Biskuitplatte vom Backblechrand lösen, sofort auf ein mit Zucker bestreutes Backpapier stürzen und mit dem mitgebackenen Backpapier erkalten lassen.

**6.** Für die Füllung Milch mit Mohn, Zucker, Zitronenschale und Zimtstange zum Kochen bringen. Mohnmilch 20 Minuten bei schwacher Hitze kochen lassen. Zitronenschale und Zimtstange entfernen. Gelatine nach Packungsanleitung einweichen, leicht ausdrücken, in der Mohnmilch unter Rühren auflösen, erkalten lassen.

**7.** Von den Feigen den Saft auffangen und 250 ml, evtl. mit Wasser auffüllen, abmessen. Die Feigen, bis auf 5 Stück, in kleine Stücke schneiden. Wenn die Mohnmilch anfängt zu gelieren, Pudding und Feigenstücke unterheben.

**8.** Von der Biskuitplatte mitgebackenes Backpapier abziehen. Mohn-Pudding-Masse auf der Biskuitplatte verstreichen, die

Platte zugedeckt 30 Minuten in den Kühlschrank stellen. Die Biskuitplatte mithilfe des Backpapiers von der langen Seite aus aufrollen, dabei die äußere Gebäckhaut entfernen. Die Rolle zugedeckt etwa 2 Stunden in den Kühlschrank stellen.

**9.** Die Rolle in 15 Tortenstücke schneiden, die 5 restlichen Feigen dritteln, auf den Törtchen verteilen. Für den Guss aus Tortengusspulver, Zucker und Feigensaft einen Guss nach Packungsanleitung zubereiten und auf den Feigenstücken verteilen. Die Mohn-Feigen-Törtchen etwa 15 Minuten in den Kühlschrank stellen.

# Maulbeer-Himbeer-Biskuitrolle

16 Stücke

**PRO STÜCK:** E: 5 g, F: 17 g, Kh: 17 g, kJ: 1034, kcal: 247, BE: 1,5
**ZUBEREITUNGSZEIT:** 40 Minuten, ohne Kühlzeit
**BACKZEIT:** etwa 14 Minuten

**FÜR DEN BISKUITTEIG:**
**4** Eier (Größe M)
**2 EL** heißes Wasser
**60 g** Zucker
**1 Pck.** Dr. Oetker Vanillin-Zucker
**1 Prise** Salz
**50 g** Weizenmehl
**½ gestr. TL** Dr. Oetker Backin
**100 g** gem. Haselnusskerne

**FÜR DIE FÜLLUNG:**
**3 Blatt** weiße Gelatine
**175 g** Frischkäse mit Joghurt
**3 EL** Nuss-Nougat-Creme
**100 ml** Irish-Cream-Likör
**400 g** Schlagsahne (mind. 30 % Fett)
**1 Pck.** Sahnesteif
**je 100 g** frische Maul- und Himbeeren

**ZUM BESTREUEN:**
**30 g** Zartbitter-Raspelschokolade

**1.** Ein Backblech (30 x 40 cm) leicht fetten, mit Backpapier belegen. Das Backpapier an der schrägen Seite des Backblechs so zu einer Falte knicken, dass ein Rand entsteht.

**2.** Den Backofen vorheizen.
Ober-/Unterhitze: etwa 200 °C, Heißluft: etwa 180 °C

**3.** Für den Teig Eier und Wasser mit einem Mixer (Rührstäbe) auf höchster Stufe in 1 Minute schaumig schlagen. Zucker mit Vanillin-Zucker und Salz mischen, in 1 Minute unter Rühren einstreuen, weitere 2 Minuten schlagen. Mehl mit Backpulver und Haselnusskernen mischen, auf die Eiercreme geben, kurz auf niedrigster Stufe unterrühren. Teig auf dem Backblech glatt verstreichen und in den vorgeheizten Backofen schieben. Die Biskuitplatte **etwa 14 Minuten backen.**

**4.** Die Biskuitplatte vom Backblechrand lösen, sofort auf ein mit Zucker bestreutes Backpapier stürzen und mit dem mitgebackenen Backpapier erkalten lassen.

**5.** Für die Füllung die Gelatine nach Packungsanleitung einweichen und auflösen. Frischkäse mit Nougat-Creme und Likör glatt rühren. Die aufgelöste Gelatine zuerst mit etwa 4 Esslöffeln der Frischkäsecreme verrühren, dann unter die restliche Creme rühren. Die Sahne mit Sahnesteif steif schlagen und unterheben.

**6.** Maul- und Himbeeren verlesen, evtl. kurz abspülen und mit Küchenpapier gut trocken tupfen.

**7.** Von der Biskuitplatte das mitgebackene Backpapier vorsichtig abziehen. Etwa zwei Drittel der Frischkäsecreme auf die Biskuitplatte geben und glatt streichen. Jeweils zwei Drittel der Maul- und Himbeeren gleichmäßig darauf verteilen, leicht andrücken.

## beschwipste Köstlichkeit

**8.** Die Biskuitplatte mithilfe des Backpapiers von der langen Seite aus aufrollen, mit der restlichen Creme bestreichen und mit den restlichen Maul- und Himbeeren garnieren. Die Biskuitrolle zugedeckt etwa 1 ½ Stunden in den Kühlschrank stellen. Die Maulbeer-Himbeer-Biskuitrolle vor dem Servieren mit Raspelschokolade bestreuen.

# Orangen-Mandarinen-Rolle 16 Stücke

**PRO STÜCK:** E: 5 g, F: 8 g, Kh: 28 g, kJ: 840, kcal: 200, BE: 2,5
**ZUBEREITUNGSZEIT:** 35 Minuten, ohne Kühlzeit
**BACKZEIT:** etwa 14 Minuten

### FÜR DEN BISKUITTEIG:

**4** Eier (Größe M)
**2 EL** heißes Wasser
**60 g** Zucker
**1 Pck.** Dr. Oetker Vanillin-Zucker
**1 Pck.** Dr. Oetker Finesse Orangenschalen-Aroma
**1 Prise** Salz
**100 g** Weizenmehl
**½ gestr. TL** Dr. Oetker Backin

### FÜR DIE FÜLLUNG:

**3 Blatt** weiße Gelatine
**1 Pck.** Mousse au Citron (Dessertpulver)
**250 g** Buttermilch
**250 g** Schlagsahne (mind. 30 % Fett)
**1 Pck.** Sahnesteif
**80 g** Lemoncurd (aus dem Glas)
**175 g** abgetropfte Mandarinen (aus der Dose)

### ZUM GARNIEREN:

**60 g** Lemoncurd (aus dem Glas)
**60 g** Baiserschalen oder -tropfen (Fertigprodukt)
feine Schalenstreifen von **1** Bio-Orangenschale (unbehandelt, ungewachst)

**1.** Ein Backblech (30 x 40 cm) leicht fetten, mit Backpapier belegen. Das Backpapier an der schrägen Seite des Backblechs so zu einer Falte knicken, dass ein Rand entsteht.

**2.** Den Backofen vorheizen.
Ober-/Unterhitze: etwa 200 °C, Heißluft: etwa 180 °C

**3.** Für den Teig Eier und Wasser mit einem Mixer (Rührstäbe) auf höchster Stufe in 1 Minute schaumig schlagen. Zucker mit Vanillin-Zucker, Orangenschale und Salz mischen, in 1 Minute unter Rühren einstreuen, weitere 2 Minuten schlagen. Mehl mit Backpulver mischen, auf die Eiercreme geben, kurz auf niedrigster Stufe unterrühren. Den Teig auf dem Backblech glatt verstreichen. Das Backblech in den vorgeheizten Backofen schieben. Die Biskuitplatte **etwa 14 Minuten backen.**

**4.** Die Biskuitplatte vom Backblechrand lösen, sofort auf ein mit Zucker bestreutes Backpapier stürzen und mit dem mitgebackenen Backpapier erkalten lassen.

**5.** Für die Füllung Gelatine nach Packungsanleitung einweichen und auflösen. Aus Dessertpulver und Buttermilch nach Packungsanleitung (aber mit der Buttermilch) eine Mousse zubereiten.

**6.** Die aufgelöste Gelatine zunächst mit etwa 4 Esslöffeln der Mousse verrühren, dann unter die restliche Mousse rühren, kurz in den Kühlschrank stellen. Sahne mit Sahnesteif steif schlagen. Sobald die Mousse anfängt zu gelieren, Sahne unterheben.

**7.** Von der Biskuitplatte das mitgebackene Backpapier vorsichtig abziehen. Lemoncurd auf die Biskuitplatte geben und glatt streichen. Die Mousse daraufgeben und ebenfalls verstreichen. Die Mandarinen auf der Mousse verteilen und leicht eindrücken.

**8.** Die Biskuitplatte mithilfe des Backpapiers von der langen Seite aus aufrollen und zugedeckt etwa 1 ½ Stunden in den Kühlschrank stellen.

**9.** Zum Garnieren die Rolle mit Lemoncurd bestreichen und mit grob gehacktem Baiser bestreuen. Die Orangen-Mandarinen-Rolle mit Orangenschalenstreifen belegen, sofort servieren.

# Karamellisierte Birnenrolle mit Thymian 16 Stücke

**PRO STÜCK:** E: 5 g, F: 6 g, Kh: 22 g, kJ: 665, kcal: 159, BE: 2,0
**ZUBEREITUNGSZEIT:** 50 Minuten, ohne Kühlzeit
**BACKZEIT:** 8–10 Minuten

**FÜR DEN BISKUITTEIG:**
**3** Eier (Größe M)
**2** Eigelb (Größe M)
**90 g** Zucker
**1 Pck.** Dr. Oetker Vanillin-Zucker
**100 g** Weizenmehl
**½ gestr. TL** Dr. Oetker Backin

**2 EL** Zitronenthymianblättchen (von etwa 4 Stängeln)
**20 g** gehobelte Mandeln

**FÜR DIE FÜLLUNG:**
**4 Blatt** weiße Gelatine
**4** Birnen, z. B. Williams Christ (etwa 500 g Fruchtfleisch)
**2 EL** Zitronensaft
**50 g** Zucker
**50 ml** Weißwein oder Apfelsaft
**1 TL** Zitronenthymianblättchen (von etwa 1 Stängel)
**3 Blatt** weiße Gelatine
**250 g** Ricotta (ital. Frischkäse)
**150 g** griechischer Sahnejoghurt
**25 g** Zucker

**1.** Ein Backblech (30 x 40 cm) leicht fetten und mit Backpapier belegen. Das Backpapier an der schrägen Seite des Backblechs so zu einer Falte knicken, dass ein Rand entsteht.

**2.** Den Backofen vorheizen.
Ober-/Unterhitze: etwa 200 °C, Heißluft: etwa 180 °C

**3.** Für den Teig Eier und Eigelb mit einem Mixer (Rührstäbe) auf höchster Stufe in 1 Minute schaumig schlagen. Zucker mit Vanillin-Zucker mischen, in 1 Minute unter Rühren einstreuen, weitere 2 Minuten schlagen. Mehl mit Backpulver mischen, auf die Eiercreme geben, kurz auf niedrigster Stufe unterrühren. Den Teig auf dem Backblech glatt verstreichen. Den Teig mit Thymianblättchen belegen und mit Mandeln bestreuen. Das Backblech in den vorgeheizten Backofen schieben. Die Biskuitplatte **8–10 Minuten backen.**

**4.** Die Biskuitplatte vom Backblechrand lösen, sofort auf ein mit Zucker bestreutes Backpapier stürzen und mit dem mitgebackenen Backpapier erkalten lassen.

**5.** Für die Füllung Gelatine (4 Blatt) nach Packungsanleitung einweichen. Birnen schälen, vierteln, entkernen, in große Stücke schneiden, mit Zitronensaft beträufeln. Zucker in einer Pfanne leicht bräunen. Birnenstücke darin 3–4 Minuten unter Rühren dünsten, mit Wein oder Saft ablöschen. Pfanne von der Kochstelle nehmen. Gelatine leicht ausdrücken, zu den Birnen geben, unter Rühren darin auflösen, Thymianblättchen unterrühren. Die Birnenmasse erkalten lassen.

**6.** Die Gelatine (3 Blatt) nach Packungsanleitung einweichen und auflösen. Ricotta mit Joghurt und Zucker verrühren. Aufgelöste Gelatine zuerst mit 4 Esslöffeln von der Ricottamasse verrühren, dann unter die restliche Ricottamasse rühren.

**7.** Von der Biskuitplatte mitgebackenes Backpapier vorsichtig abziehen. Sobald die Birnenmasse anfängt zu gelieren, in die Mitte der Biskuitplatte geben, so verstreichen, dass ein Drittel der Platte bedeckt ist. Die Ricottamasse jeweils auf die freien Flächen der Biskuitplatte geben und glatt streichen. Die Biskuitplatte so lange in den Kühlschrank stellen, bis die Füllungen etwas fest geworden sind (etwa 30 Minuten).

**8.** Die Biskuitplatte mithilfe des Backpapiers von der langen Seite aus aufrollen, zugedeckt etwa 2 Stunden in den Kühlschrank stellen.

# Sweet Sushi 30 Stücke

**PRO STÜCK:** E: 2 g, F: 6 g, Kh: 13 g, kJ: 501, kcal: 120, BE: 1,0
**ZUBEREITUNGSZEIT:** 65 Minuten, ohne Kühlzeit
**BACKZEIT:** 8–10 Minuten

**FÜR DEN BISKUITTEIG:**
**2** Eier (Größe M)
**1** Eigelb (Größe M)
**1 EL** heißes Wasser
**50 g** Zucker
**40 g** Weizenmehl
**20 g** Speisestärke

**FÜR DIE FÜLLUNG:**
**300 ml** Kokosmilch, ungesüßt
**125 g** Sushireis
**40 g** Zucker
**4 Blatt** weiße Gelatine
**etwa ¼** Mango (etwa 70 g)
**etwa ⅛** Wassermelone (etwa 250 g)
**etwa ¼** Honig- oder Netzmelone (etwa 200 g)
**100 g** Schlagsahne (mind. 30 % Fett)
**1 Pck.** Dr. Oetker Vanillin-Zucker

**ZUM BESTREICHEN:**
**etwa 200 g** Zartbitter-Schokolade (etwa 50 % Kakaoanteil)
**10 g** Kokosfett

**1.** Ein Backblech leicht fetten und mit Backpapier belegen. Das Backpapier an der schrägen und offenen Seite des Backblechs so zu einer Falte knicken, dass ein Rand um eine Fläche von 24 x 36 cm entsteht.

**2.** Den Backofen vorheizen.
Ober-/Unterhitze: etwa 200 °C, Heißluft: etwa 180 °C

**3.** Für den Teig Eier, Eigelb und Wasser mit einem Mixer (Rührstäbe) auf höchster Stufe in 1 Minute schaumig schlagen. Zucker in 1 Minute unter Rühren einstreuen, dann noch weitere 2 Minuten schlagen. Mehl mit Speisestärke mischen, auf die Eiercreme geben und kurz auf niedrigster Stufe unterrühren. Den Teig auf das Backblech geben und glatt streichen. Das Backblech in den vorgeheizten Backofen schieben. Die Biskuitplatte **8–10 Minuten backen.**

**4.** Die Biskuitplatte vom Backblechrand lösen, sofort auf ein mit Zucker bestreutes Backpapier stürzen und mit dem mitgebackenen Backpapier erkalten lassen.

**5.** Für die Füllung Kokosmilch mit dem Sushireis und Zucker in einem Topf nach Packungsanleitung zum Kochen bringen. Den Reis bei schwacher Hitze leicht zugedeckt 15–20 Minuten garen, dabei zwischendurch umrühren. In der Zwischenzeit Gelatine nach Packungsanleitung einweichen. Gelatine leicht ausdrücken und unter Rühren in dem gegarten Sushireis auflösen. Den Reis abkühlen lassen und dann im Kühlschrank erkalten lassen.

**6.** Mango- und Melonenstücke schälen und entkernen. Aus dem Fruchtfleisch jeweils 3 Stangen (je 8 x 1 ½ cm) schneiden. Die Sahne mit Vanillin-Zucker steif schlagen und unter den erkalteten Sushireis heben.

**7.** Von der Biskuitplatte das mitgebackene Backpapier vorsichtig abziehen. Die Biskuitplatte zurück auf das Backpapier stürzen, dann in 9 Rechtecke (etwa 8 x 12 cm) schneiden. Die Kokos-Sushireis-Masse in gleich großen Portionen auf den einzelnen Biskuitrechtecken verteilen und glatt streichen. Je eine Obststange von der kurzen Seite aus in die Mitte der Gebäckrechtecke legen und leicht in den Reis drücken. Die Biskuitrechtecke jeweils von der kurzen Seite aus so zusammenlegen, dass die Gebäckkanten aneinander stoßen. Die gefüllten Sushi-Röllchen zugedeckt etwa 2 Stunden in den Kühlschrank stellen.

**8.** Zum Bestreichen Schokolade in kleine Stücke brechen. Zwei Drittel davon mit dem Kokosfett in einem Topf im Wasserbad bei schwacher Hitze unter Rühren schmelzen. Den Topf aus dem Wasserbad nehmen und die restliche Schokolade darin unter Rühren schmelzen. Die Sushi-Röllchen rundherum mit der Schokolade bestreichen, nochmals etwa 30 Minuten in den Kühlschrank stellen.

**9.** Kurz vor dem Servieren jedes Sushi-Röllchen mit einem scharfen Messer in 3–4 kleine Röllchen schneiden.

**Tipp:** Aus dem restlichen Obst eine Sauce zubereiten. Dazu das Obst in kleine Stücke schneiden, 200 g abwiegen, mit 40 g Zucker und 2 Esslöffeln Wasser oder Fruchtsaft etwa 5 Minuten bei schwacher Hitze kochen lassen. 2–3 Esslöffel Limettenlikör oder Fruchtsaft unter die gekochten Obststücke rühren. Die Fruchtsauce erkalten lassen und zu den Sushi-Röllchen servieren.

# Mini-Eierlikör-Röllchen 16 Stück

**PRO STÜCK:** E: 3 g, F: 8 g, Kh: 16 g, kJ: 642, kcal: 154, BE: 1,5
**ZUBEREITUNGSZEIT:** 40 Minuten, ohne Kühlzeit
**BACKZEIT:** etwa 8 Minuten

**FÜR DEN BISKUITTEIG:**
**3** Eier (Größe M)
**1** Eigelb (Größe M)
**60 g** Zucker
**1 Pck.** Dr. Oetker Vanillin-Zucker
**80 g** Weizenmehl
**½ TL** Dr. Oetker Backin
**1 EL** gesiebtes Kakaopulver

**FÜR DIE FÜLLUNG:**
**1 Pck.** Eierlikör Mousse (Dessertpulver)
**200 g** kalte Schlagsahne (mind. 30 % Fett)

**ZUM VERZIEREN:**
**100 g** Zartbitter-Kuvertüre

**1.** Ein Backblech fetten, mit Backpapier belegen. Backpapier an der schrägen und offenen Seite des Backblechs so zu einer Falte knicken, dass ein Rand um eine Fläche von 25 x 35 cm entsteht.

**2.** Den Backofen vorheizen.
Ober-/Unterhitze: etwa 200 °C, Heißluft: etwa 180 °C

**3.** Für den Teig Eier und Eigelb mit einem Mixer (Rührstäbe) auf höchster Stufe in 1 Minute schaumig schlagen. Zucker mit Vanillin-Zucker mischen, in 1 Minute unter Rühren einstreuen, weitere 2 Minuten schlagen. Mehl mit Backpulver mischen, auf die Eiercreme geben, kurz auf niedrigster Stufe unterrühren.

**4.** Die Hälfte des Teiges in einen Gefrierbeutel füllen, eine Ecke abschneiden, der Länge nach Streifen mit etwas Abstand auf das Backblech spritzen. Kakao unter den restlichen Teig rühren, in einen Gefrierbeutel füllen, eine Ecke abschneiden. Den Teig in die Zwischenräume spritzen. Das Backblech in den vorgeheizten Backofen schieben. Biskuitplatte **etwa 8 Minuten backen.**

**5.** Die Biskuitplatte vom Backblechrand lösen, sofort auf ein mit Zucker bestreutes Backpapier stürzen und mit dem mitgebackenen Backpapier erkalten lassen.

**6.** Von der Biskuitplatte das mitgebackene Backpapier vorsichtig abziehen, Platte zurück auf das Backpapier stürzen.

**7.** Für die Füllung Mousse nach Packungsanleitung, aber mit 200 g Sahne, aufschlagen und auf der Biskuitplatte verstreichen. Mousse etwa 10 Minuten bei Zimmertemperatur anziehen lassen. Dann die Biskuitplatte längs halbieren (12,5 x 35 cm). Die Biskuithälften jeweils von der längeren Seite aus aufrollen und zugedeckt etwa 30 Minuten in den Kühlschrank stellen. Dann jede Biskuitrolle zuerst in 4 Stücke teilen, dann jedes Stück schräg halbieren.

**8.** Zum Verzieren Kuvertüre grob hacken, in einem kleinen Topf im Wasserbad bei schwacher Hitze unter Rühren schmelzen. Die Röllchen mit der Unterseite in die Kuvertüre tauchen, am Rand abstreifen, auf Backpapier setzen und die Kuvertüre fest werden lassen. Die Mini-Eierlikör-Röllchen bis zum Verzehr in den Kühlschrank stellen.

# Pflaumenmus-Rollentörtchen 19 Stück

**PRO STÜCK:** E: 2 g, F: 7 g, Kh: 15 g, kJ: 538, kcal: 129, BE: 1,0
**ZUBEREITUNGSZEIT:** 35 Minuten, ohne Kühlzeit
**BACKZEIT:** 8–10 Minuten

**ZUM VORBEREITEN:**
**100 g** Zwieback

**FÜR DEN BISKUITTEIG:**
**2** Eier (Größe M)
**1** Eigelb (Größe M)
**2 EL** heiße Milch oder Wasser
**50 g** Zucker
**1 Msp.** Dr. Oetker Backin
**1 Msp.** gem. Zimt

**ZUM BESTREICHEN:**
**175 g** Pflaumenmus (aus dem Glas)

**FÜR DEN TÖRTCHENBODEN:**
**100 g** Zartbitter-Kuvertüre (etwa 50 % Kakaoanteil)
**50 g** Butter
**40 g** fein gehackte Walnusskerne

**1.** Zum Vorbereiten Zwieback im Blitzhacker fein zerbröseln. Ein Backblech fetten, mit Backpapier belegen. Backpapier an der schrägen Seite des Backblechs so zu einer Falte knicken, dass ein Rand um eine Fläche von 20x40 cm entsteht.

**2.** Den Backofen vorheizen.
Ober-/Unterhitze: etwa 200 °C, Heißluft: etwa 180 °C

**3.** Für den Teig Eier, Eigelb und Milch oder Wasser mit einem Mixer (Rührstäbe) auf höchster Stufe in 1 Minute schaumig schlagen. Zucker in 1 Minute unter Rühren einstreuen, weitere 2 Minuten schlagen. Die Hälfte der Zwiebackbrösel mit Backpulver und Zimt mischen, auf die Eiercreme geben, kurz auf niedrigster Stufe unterrühren. Den Teig auf dem Backblech glatt verstreichen. Das Backblech in den vorgeheizten Backofen schieben. Die Biskuitplatte **8–10 Minuten backen.**

**4.** Die Biskuitplatte vom Backblechrand lösen, sofort auf ein mit Zucker bestreutes Backpapier stürzen und das mitgebackene Backpapier sofort vorsichtig abziehen.

**5.** Zum Bestreichen Pflaumenmus auf der Biskuitplatte verteilen. Die Biskuitplatte mithilfe des Backpapiers von der langen Seite aus aufrollen und in 19 Stücke schneiden.

**6.** Für den Törtchenboden Kuvertüre in Stücke hacken, mit Butter in einem kleinen Topf im Wasserbad bei schwacher Hitze unter Rühren schmelzen. Die restlichen Zwiebackbrösel und Walnusskerne unterrühren. Von der Masse mit einem Teelöffel insgesamt 19 Häufchen abnehmen und mit ausreichendem Abstand auf das Backpapier setzen.

**7.** Die Kuvertürehäufchen jeweils mit dem Löffelrücken zu einem Boden (Ø etwa 6 cm) verstreichen. Je ein Pflaumenmus-Rollenstück sofort auf den Kuvertürenboden legen und etwas andrücken. Die Rollentörtchen zugedeckt etwa 45 Minuten in den Kühlschrank stellen.

für liebe Gäste

# Mini-Mascarpone-Röllchen 10–12 Stücke

**PRO STÜCK:** E: 5 g, F: 16 g, Kh: 23 g, kJ: 1070, kcal: 255, BE: 2,0
**ZUBEREITUNGSZEIT:** 35 Minuten, ohne Kühlzeit
**BACKZEIT:** 8–10 Minuten

### FÜR DEN BISKUITTEIG:

**3** Eier (Größe M)
**1** Eigelb (Größe M)
**75 g** Zucker
**75 g** Weizenmehl
**15 g** Speisestärke
**½ gestr. TL** Dr. Oetker Backin
**1 gestr. TL** gesiebtes Kakaopulver

### FÜR DIE FÜLLUNG:

**250 g** Mascarpone (ital. Frischkäse)
**1 EL** Puderzucker
**300 g** Knusper-Joghurt mit Schokoballs
**1 Pck.** Dr. Oetker Finesse Bourbon-Vanille-Aroma
**1 Pck.** Sahnesteif

### ZUM VERZIEREN:

**100 g** Schlagsahne (mind. 30 % Fett)

**1.** Ein Backblech (30 x 40 cm) leicht fetten, mit Backpapier belegen. Das Backpapier an der schrägen Seite des Backblechs so zu einer Falte knicken, dass ein Rand entsteht.

**2.** Den Backofen vorheizen.
Ober-/Unterhitze: etwa 200 °C, Heißluft: etwa 180 °C

**3.** Für den Teig Eier und Eigelb mit einem Mixer (Rührstäbe) auf höchster Stufe in 1 Minute schaumig schlagen. Zucker in 1 Minute unter Rühren einstreuen, weitere 2 Minuten schlagen. Mehl mit Speisestärke und Backpulver mischen, auf die Eiercreme geben, kurz auf niedrigster Stufe unterrühren. 3–4 Esslöffel von dem Teig abnehmen, restlichen Teig auf dem Backblech glatt verstreichen. Den abgenommenen Teig mit Kakao verrühren, in einen Gefrierbeutel füllen und eine kleine Ecke abschneiden. Den dunklen Teig als kleine Punkte tief in den hellen Teig spritzen. Backblech in den vorgeheizten Backofen schieben. Die Biskuitplatte **8–10 Minuten backen.**

**4.** Die Biskuitplatte vom Backblechrand lösen, sofort auf ein mit Zucker bestreutes Backpapier stürzen und mit dem mitgebackenen Backpapier erkalten lassen.

**5.** Für die Füllung Mascarpone mit Puderzucker, Joghurt (Schokoballs beiseitelegen), Vanille-Aroma und Sahnesteif gut verrühren. Etwa zwei Drittel der Knusperballs unterheben. Von der Biskuitplatte das mitgebackene Backpapier vorsichtig abziehen. Die Mascarponecreme auf der Biskuitplatte verteilen. Die Biskuitplatte der Länge nach halbieren, sodass 2 Platten (je 15 x 40 cm) entstehen. Die Biskuitplatten jeweils mithilfe des Backpapiers von der längeren Seite aus aufrollen, zugedeckt etwa 30 Minuten in den Kühlschrank stellen.

**6.** Zum Verzieren Sahne steif schlagen, in einen kleinen Gefrierbeutel geben, eine Ecke abschneiden, und Punkte auf die Röllchen spritzen, mit den restlichen Schokoballs bestreuen. Die Mascarpone-Rollen in je 5–6 Röllchen schneiden.

# Knusper-Glück

# Safran-Schokoladen-Schnecken

16 Stück

**PRO STÜCK:** E: 2 g, F: 6 g, Kh: 13 g, kJ: 480, kcal: 115, BE: 1,0
**ZUBEREITUNGSZEIT:** 40 Minuten, ohne Kühlzeit
**BACKZEIT:** 8–10 Minuten

**FÜR DEN BISKUITTEIG:**

**3** Eier (Größe M)
**1** Eigelb (Größe M)
**1 EL** heißes Wasser
**70 g** Zucker
**40 g** Weizenmehl
**½ gestr. TL** Dr. Oetker Backin mit Safran
**1 Pck.** Saucenpulver Vanille-Geschmack, zum Kochen

**35 g** Schokotröpfen zum Bestreuen

**FÜR DIE FÜLLUNG:**

**40 g** Zartbitter-Kuvertüre (etwa 55 % Kakaoanteil)
**50 g** Butter
**75 g** Preiselbeeren (aus dem Glas)
**2 EL** Kirschwasser

**evtl. etwa 50 g** Zartbitter-Kuvertüre (etwa 55 % Kakaoanteil)

**1.** Ein Backblech (30 x 40 cm) leicht fetten, mit Backpapier belegen. Das Backpapier an der schrägen Seite des Backblechs so zu einer Falte knicken, dass ein Rand entsteht.

**2.** Den Backofen vorheizen.
Ober-/Unterhitze: etwa 200 °C, Heißluft: etwa 180 °C

**3.** Für den Teig Eier, Eigelb und Wasser mit einem Mixer (Rührstäbe) auf höchster Stufe in 1 Minute schaumig schlagen. Zucker in 1 Minute unter Rühren einstreuen, weitere 2 Minuten schlagen. Mehl mit Backpulver und Saucenpulver mischen, auf die Eiercreme geben, kurz auf niedrigster Stufe unterrühren. Den Teig auf dem Backblech verstreichen. Schokotröpfchen auf einer Teighälfte (30 x 20 cm) verteilen. Das Backblech in den vorgeheizten Backofen schieben. Die Biskuitplatte **8–10 Minuten backen.**

**4.** Die Biskuitplatte vom Backblechrand lösen, sofort auf ein mit Zucker bestreutes Backpapier stürzen und mit dem mitgebackenen Backpapier erkalten lassen. Für die Füllung Kuvertüre in Stücke hacken, mit Butter in einem kleinen Topf im Wasserbad bei schwacher Hitze unter Rühren schmelzen.

**5.** Von der Biskuitplatte das mitgebackene Backpapier vorsichtig abziehen. Die Biskuitplatte quer halbieren. Die Schokotröpfchenplatte in einer Rührschüssel leicht zerbröseln, Kuvertüren-Butter-Masse, Preiselbeeren und Kirschwasser hinzugeben. Die Zutaten mit dem Mixer (Rührstäbe) auf niedrigster Stufe zu einer einheitlichen Masse verrühren.

**6.** Die Füllung auf der Biskuitplatte glatt verstreichen und von der langen Seite aus aufrollen. Die Rolle zugedeckt etwa 45 Minuten in den Kühlschrank stellen. Nach Belieben Kuvertüre wie unter Punkt 6 beschrieben schmelzen. Schokoladen-Rolle in 16 Stücke schneiden, sodass Schnecken entstehen.

Schoko-Schnecken auf der Unterseite mit der Kuvertüre bestreichen, Kuvertüre im Kühlschrank fest werden lassen.

**Tipp:** Safran-Schoko-Schnecken auf Lollipop-Stiele aus Papier oder Holz stecken und mit Dekorblüten – Rückseite vorher in etwas flüssige Kuvertüre tauchen – garnieren.

# Kiwi-Bananen-Röllchen 16 Stück

**PRO STÜCK:** E: 3 g, F: 9 g, Kh: 19 g, kJ: 710, kcal: 170, BE: 1,5
**ZUBEREITUNGSZEIT:** 40 Minuten, ohne Kühlzeit
**BACKZEIT:** 8–10 Minuten

**FÜR DEN BISKUITTEIG:**

**3** Eier (Größe M)
**1** Eigelb (Größe M)
**75 g** Zucker
**1 Pck.** Dr. Oetker Vanillin-Zucker
**75 g** Weizenmehl
**1 Pck.** Saucenpulver Vanille-Geschmack, zum Kochen
**1 Msp.** Dr. Oetker Backin
**20 g** Kokosraspel, grob

**FÜR DIE FÜLLUNG:**

**2** Kiwis
**2 Blatt** weiße Gelatine
**125 g** Götterspeise Zitronen-Geschmack (aus dem Kühlregal)
**250 g** Mascarpone (ital. Frischkäse)
**150 g** Bananenjoghurt
**1 Pck.** Dr. Oetker Finesse Geriebene Zitronenschale
**1 EL** Puderzucker

**ZUM BESTREICHEN:**

**100 g** Aprikosenkonfitüre

1. Ein Backblech (30 x 40 cm) leicht fetten, mit Backpapier belegen. Das Backpapier an der schrägen Seite des Backblechs so zu einer Falte knicken, dass ein Rand entsteht.

2. Den Backofen vorheizen.
Ober-/Unterhitze: etwa 200 °C, Heißluft: etwa 180 °C

3. Für den Teig Eier und Eigelb mit einem Mixer (Rührstäbe) auf höchster Stufe in 1 Minute schaumig schlagen. Zucker und Vanillin-Zucker mischen, in 1 Minute unter Rühren einstreuen, weitere 2 Minuten schlagen. Mehl mit Saucenpulver und Backpulver mischen, auf die Eiercreme geben, kurz auf niedrigster Stufe unterrühren. Den Teig auf dem Backblech verstreichen und mit Kokosraspeln bestreuen. Das Backblech in den vorgeheizten Backofen schieben. Die Biskuitplatte **8–10 Minuten backen.**

4. Die Biskuitplatte vom Backblechrand lösen, sofort auf ein mit Zucker bestreutes Backpapier stürzen und mit dem mitgebackenen Backpapier erkalten lassen.

5. Für die Füllung Kiwis schälen, fein würfeln, in etwas kochendem Wasser 1 Minute blanchieren, mit einer Schaumkelle herausnehmen, in einem Sieb gut abtropfen lassen und auf Küchenpapier legen. Gelatine nach Packungsanleitung einweichen. Götterspeise aus dem Becher nehmen, in einem kleinen Topf bei schwacher Hitze unter Rühren erwärmen. Gelatine leicht ausdrücken, unter Rühren in der Götterspeise auflösen, abkühlen lassen.

6. Mascarpone mit Joghurt, Zitronenschale und Puderzucker verrühren. Die flüssige, fast erkaltete Götterspeisenflüssigkeit unter die Creme rühren, zugedeckt in den Kühlschrank stellen. Von der Biskuitplatte mitgebackenes Backpapier abziehen. Wenn die Creme anfängt zu gelieren, Kiwiwürfel unterheben. Die Creme auf der Biskuitplatte verteilen. Platte der Länge nach halbieren, sodass 2 Platten (je 15 x 40 cm)

## exotisch angehaucht

entstehen. Biskuitplatten mithilfe des Backpapiers von der längeren Seite aus aufrollen, zugedeckt etwa 1 Stunde in den Kühlschrank stellen.

**7.** Die Rollen jeweils in 8 Scheiben schneiden. Zum Bestreichen Konfitüre durch ein Sieb streichen, die obere Schnittfläche der Röllchen damit bestreichen.

# Rhabarber-Rollentörtchen 12 Stück

**PRO STÜCK:** E: 6 g, F: 8 g, Kh: 24 g, kJ: 829, kcal: 198 , BE: 2,0
**ZUBEREITUNGSZEIT:** 50 Minuten, ohne Kühlzeit
**BACKZEIT:** 8–10 Minuten

**FÜR DEN BISKUITTEIG:**
**3** Eier (Größe M)
**1** Eigelb (Größe M)
**80 g** Zucker
**50 g** Weizenmehl
**25 g** Speisestärke
**½ gestr. TL** Dr. Oetker Backin

**FÜR DIE FÜLLUNG:**
**200 g** Schlagsahne (mind. 30 % Fett)
**250 g** Speisequark (20 % Fett)
**1 Pck.** (2 Beutel) Gelatine fix
**30 g** Puderzucker
**1 Pck.** Dr. Oetker Vanillin-Zucker

**2 Stangen** Rhabarber (je etwa 100 g)
**200 g** Zucker
**200 ml** Wasser

**FÜR DEN BELAG:**
**250 g** vorbereiteter Rhabarber
**50 ml** Rhabarbersaft
**20 g** Zucker
**1 gestr. TL** Speisestärke
**1 EL** Wasser

1. Ein Backblech fetten, mit Backpapier belegen. Das Backpapier an der schrägen Seite des Backblechs so zu einer Falte knicken, dass ein Rand um eine Fläche von 25 x 40 cm entsteht.

2. Den Backofen vorheizen.
Ober-/Unterhitze: etwa 200 °C, Heißluft: etwa 180 °C

3. Für den Teig Eier und Eigelb mit einem Mixer (Rührstäbe) auf höchster Stufe in 1 Minute schaumig schlagen. Zucker in 1 Minute unter Rühren einstreuen, weitere 2 Minuten schlagen. Mehl mit Speisestärke und Backpulver mischen, auf die Eiercreme geben, kurz auf niedrigster Stufe unterrühren. Den Teig auf dem Backblech glatt verstreichen. Das Backblech in den vorgeheizten Backofen schieben. Die Biskuitplatte **8–10 Minuten backen.**

4. Die Biskuitplatte vom Backblechrand lösen, sofort auf ein mit Zucker bestreutes Backpapier stürzen und mit dem mitgebackenen Backpapier erkalten lassen.

5. Für die Füllung Sahne steif schlagen. Quark in eine Rührschüssel geben. Gelatine fix mit dem Mixer (Rührstäbe) in etwa 1 Minute unter den Quark rühren. Sahne unterheben, dann Puderzucker und Vanillin-Zucker unterrühren. Von der Biskuitplatte mitgebackenes Backpapier vorsichtig abziehen. Platte in 4 gleich große Streifen (je 25 x 10 cm) schneiden. Die Quarkcreme in gleich großen Portionen auf den Biskuitstreifen verteilen und die Streifen in den Kühlschrank stellen, bis die Quarkcreme etwas fest geworden ist (etwa 30 Minuten).

6. Die Biskuitstreifen mithilfe des Backpapiers jeweils von der kurzen Seite aus aufrollen und zugedeckt etwa 1 ½ Stunden den Kühlschrank stellen. In der Zwischenzeit Rhabarber putzen, abspülen, gut abtrocknen, Stielenden und Blattansätze entfernen. Die Stangen in 24 dünne, längliche Streifen (etwa 2 mm) schneiden. Zucker mit Wasser kurz aufkochen lassen, bis der Zucker geschmolzen ist. Rhabarberstreifen in 3 Por-

tionen in der Zuckerflüssigkeit kurz blanchieren, mit einem Schaumlöffel herausnehmen, nebeneinander auf einen Teller legen, Rhabarberstreifen erkalten lassen. Von dem entstandenen Rhabarbersaft 50 ml abmessen, beiseitestellen.

7. Für den Belag den vorbereiteten Rhabarber in etwa 1 cm große Würfel schneiden, mit Zucker und beiseitegestelltem Saft in einem Topf etwa 1 Minute kochen lassen, bis er weich, aber noch nicht ganz zerfallen ist. Speisestärke mit Wasser anrühren, unter das Kompott rühren, kurz aufkochen lassen. Rhabarberkompott erkalten lassen.

8. Die kalt gestellten Biskuitrollen jeweils in 3 gleich große Scheiben schneiden. Jedes Biskuitrollen-Törtchen mit 2 Rhabarberstreifen ummanteln. Das Rhabarberkompott auf den Törtchen verteilen, sofort servieren.

# Weißweinröllchen 16 Stücke

**PRO STÜCK:** E: 3 g, F: 7 g, Kh: 15 g, kJ: 577, kcal: 138, BE: 1,0
**ZUBEREITUNGSZEIT:** 45 Minuten, ohne Abkühl- und Gefrierzeit
**BACKZEIT:** 8–10 Minuten

### FÜR DEN BISKUITTEIG:

**3** Eier (Größe M)
**1** Eigelb (Größe M)
**50 g** Zucker
**1 Pck.** Dr. Oetker Vanillin-Zucker
**60 g** Weizenmehl
**1 Msp.** Dr. Oetker Backin

### FÜR DIE FÜLLUNG:

**1 Pck.** Paradiescreme Zitronen-Geschmack (Dessertpulver)
**100 ml** Weißwein
**125 g** Schlagsahne

### FÜR DEN GUSS:

**100 g** Vollmilch-Schokolade
**1 EL** Speiseöl, z. B. Sonnenblumenöl

**1.** Ein Backblech (30 x 40 cm) leicht fetten, mit Backpapier belegen. Das Backpapier an der schrägen Seite des Backblechs so zu einer Falte knicken, dass ein Rand entsteht.

**2.** Den Backofen vorheizen.
Ober-/Unterhitze: etwa 200 °C, Heißluft: etwa 180 °C

**3.** Für den Teig Eier und Eigelb mit einem Mixer (Rührstäbe) auf höchster Stufe in 1 Minute schaumig schlagen. Zucker und Vanillin-Zucker mischen, in 1 Minute unter Rühren einstreuen, weitere 2 Minuten schlagen. Mehl mit Backpulver mischen, auf die Eiercreme geben, kurz auf niedrigster Stufe unterrühren. Den Teig auf dem Backblech glatt verstreichen. Das Backblech in den vorgeheizten Backofen schieben. Die Biskuitplatte **8–10 Minuten backen.**

**4.** Die Biskuitplatte vom Backblechrand lösen, sofort auf ein mit Zucker bestreutes Backpapier stürzen und mit dem mitgebackenen Backpapier erkalten lassen.

**5.** Für die Füllung Paradiescreme nach Packungsanleitung, aber mit Wein und Sahne zubereiten. Von der Biskuitplatte das mitgebackene Backpapier vorsichtig abziehen. Biskuitplatte der Länge nach halbieren, sodass 2 Platten (je 15 x 40 cm) entstehen. Biskuitstreifen mit der Weincreme bestreichen. Biskuitstreifen von der längeren Seite aus aufrollen, gut in Frischhaltefolie verpackt etwa 2 Stunden in den Gefrierschrank legen.

**6.** Für den Guss Schokolade in Stücke brechen, mit Speiseöl in einem kleinen Topf im Wasserbad bei schwacher Hitze unter Rühren schmelzen. Die Biskuitrollen in Scheiben schneiden. Die Röllchen bis zur Hälfte in den Guss tauchen oder damit bestreichen. Die Röllchen mit der restlichen Kuvertüre besprenkeln, Guss fest werden lassen und sofort servieren.

beschwipst

# Frankfurter Röllchen 12 Stück

**PRO STÜCK:** E: 5 g, F: 15 g, Kh: 41 g, kJ: 1320, kcal: 315, BE: 3,5
**ZUBEREITUNGSZEIT:** 60 Minuten, ohne Kühlzeit
**BACKZEIT:** etwa 6 Minuten

### ZUM VORBEREITEN FÜR DIE ZITRONEN-BUTTERCREME:

**1 Pck.** Dr. Oetker Pudding-Pulver Vanille-Geschmack

**40 g** Zucker

**400 ml** Milch (3,5 % Fett)

**1 Beutel** aus 1 Pck. Götterspeise Zitronen-Geschmack

### FÜR DEN BISKUITTEIG:

**2** Eier (Größe M)

**1** Eigelb (Größe M)

**80 g** Zucker

**1 Pck.** Dr. Oetker Vanillin-Zucker

**1 Pck.** Dr. Oetker Finesse Geriebene Zitronenschale

**100 g** Weizenmehl

**1 Msp.** Dr. Oetker Backin

**25 g** zerlassene Butter

**125 g** Butter (zimmerwarm)

**etwa 150 g** Waldfruchtkonfitüre

**etwa 150 g** Haselnusskrokant

**1.** Zum Vorbereiten Pudding nach Packungsanleitung, aber mit 400 ml Milch zubereiten. Pudding in eine Rührschüssel geben, sofort Götterspeisenpulver unterrühren. Pudding erkalten lassen (nicht kalt stellen), gelegentlich umrühren.

**2.** Ein Backblech (30 x 40 cm) leicht fetten, mit Backpapier belegen. Das Backpapier an der schrägen Seite des Backblechs so zu einer Falte knicken, dass ein Rand entsteht.

**3.** Den Backofen vorheizen.
Ober-/Unterhitze: etwa 200 °C, Heißluft: etwa 180 °C

**4.** Für den Teig Eier und Eigelb mit einem Mixer (Rührstäbe) auf höchster Stufe in 1 Minute schaumig schlagen. Vanillin-Zucker mit Zucker und Zitronenschale mischen, in 1 Minute unter Rühren einstreuen, weitere 2 Minuten schlagen. Mehl mit Backpulver mischen, auf die Eiercreme geben, kurz auf niedrigster Stufe unterrühren. Butter kurz unterrühren. Den Teig auf dem Backblech glatt verstreichen. Das Backblech in den vorgeheizten Backofen schieben und die Biskuitplatte **etwa 6 Minuten backen.**

**5.** Die Biskuitplatte vom Backblechrand lösen, sofort auf ein mit Zucker bestreutes Backpapier stürzen und mit dem mitgebackenen Backpapier erkalten lassen.

**6.** Butter in einer Rührschüssel mit dem Mixer (Rührstäbe) geschmeidig rühren. Den erkalteten Pudding esslöffelweise unterrühren. Darauf achten, dass Butter und Pudding Zimmertemperatur haben, da die Buttercreme sonst gerinnt.

**7.** Von der Biskuitplatte mitgebackenes Backpapier vorsichtig abziehen. Konfitüre durch ein Sieb streichen, auf die Biskuitplatte streichen. Drei Viertel der Zitronen-Buttercreme darauf glatt verstreichen.

**8.** Die Biskuitplatte in 12 Quadrate (etwa 9 x 9 cm) schneiden und diese aufrollen. Biskuitröllchen mit der restlichen Zitronen-Buttercreme bestreichen, etwa 1 Stunde in den Kühlschrank stellen. Biskuitröllchen in Krokant wälzen und sofort servieren.

# Fruchtige Zwergenröllchen 12–14 Stück

**PRO STÜCK:** E: 4 g, F: 6 g, Kh: 21 g, kJ: 665, kcal: 158, BE: 2,0
**ZUBEREITUNGSZEIT:** 45 Minuten, ohne Kühlzeit
**BACKZEIT:** etwa 10 Minuten

### FÜR DEN BISKUITTEIG:

**3** Eier (Größe M)
**1** Eigelb (Größe M)
**75 g** Zucker
**1 Pck.** Dr. Oetker Finesse Geriebene Zitronenschale
**75 g** Weizenmehl
**15 g** Speisestärke
**½ gestr. TL** Dr. Oetker Backin
**einige** Tropfen rote Speisefarbe

### FÜR DIE FÜLLUNG:

**6** Mini-Becher Fruchtjoghurt (z. B. 2 Himbeer, 2 Pfirsich, 2 Banane)
**125 g** Schlagsahne (mind. 30 % Fett)
**1 Pck.** Sahnesteif
**1 EL** Zartbitter-Raspelschokolade

### ZUM GARNIEREN:

**6–7** Erdbeeren mit Grün

### AUSSERDEM:

**12–14** Papierförmchen

**1.** Ein Backblech (30 x 40 cm) leicht fetten, mit Backpapier belegen. Das Backpapier an der schrägen Seite des Backblechs so zu einer Falte knicken, dass ein Rand entsteht.

**2.** Den Backofen vorheizen.
Ober-/Unterhitze: etwa 200 °C, Heißluft: etwa 180 °C

**3.** Für den Teig Eier und Eigelb mit einem Mixer (Rührstäbe) auf höchster Stufe in 1 Minute schaumig schlagen. Zucker und Zitronenschale mischen, in 1 Minute unter Rühren einstreuen, weitere 2 Minuten schlagen. Mehl mit Speisestärke und Backpulver mischen, auf die Eiercreme geben und kurz auf niedrigster Stufe unterrühren.

**4.** Die Hälfte des Teiges in einen Gefrierbeutel füllen. Unter die zweite Teighälfte einige Tropfen rote Speisefarbe rühren, ebenfalls in einen Gefrierbeutel füllen. Von den Gefrierbeuteln je eine kleine Ecke abschneiden, den roten Teig mit 1–2 cm Abstand diagonal als Streifen auf das Backblech spritzen. Den hellen Teig in die Zwischenräume spritzen. Das Backblech in den vorgeheizten Backofen schieben. Die Biskuitplatte **etwa 10 Minuten backen.**

**5.** Die Biskuitplatte vom Backblechrand lösen, sofort auf ein mit Zucker bestreutes Backpapier stürzen und mit dem mitgebackenen Backpapier erkalten lassen. Für die Füllung die 3 Joghurtsorten getrennt in kleine Schalen füllen. Sahne mit Sahnesteif steif schlagen. Je ein Drittel der Sahne mit einer Sorte Joghurt vorsichtig verrühren. Raspelschokolade unter den Himbeerjoghurt heben.

**6.** Von der Biskuitplatte das mitgebackene Backpapier vorsichtig abziehen. Platte längs halbieren, sodass 2 Platten (je 15 x 40 cm) entstehen. Die Cremes nebeneinander in je drei breiten Streifen auf den Biskuitplatten glatt verstreichen. Jeweils von der längeren Seite aus aufrollen, zugedeckt 1–2 Stunden in den Kühlschrank stellen.

7. Vor dem Servieren jede Rolle in 6–7 Stücke schneiden, hochkant in Papierförmchen setzen. Zum Garnieren Erdbeeren abspülen, trocken tupfen und mit dem Grün halbieren. Die Röllchen mit den Erdbeeren garnieren.

# Allgemeine Hinweise

## ABKÜRZUNGEN

| | | |
|---|---|---|
| EL | = | Esslöffel |
| TL | = | Teelöffel |
| Msp. | = | Messerspitze |
| Pck. | = | Packung/Päckchen |
| g | = | Gramm |
| kg | = | Kilogramm |
| ml | = | Milliliter |
| l | = | Liter |
| evtl. | = | eventuell |
| geh. | = | gehäuft |
| gestr. | = | gestrichen |
| gem. | = | gemahlen |
| ger. | = | gerieben |
| TK | = | Tiefkühlprodukt |
| °C | = | Grad Celsius |
| Ø | = | Durchmesser |

## KALORIEN-/NÄHRWERTANGABEN

| | | |
|---|---|---|
| E | = | Eiweiß |
| F | = | Fett |
| Kh | = | Kohlenhydrate |
| kcal | = | Kilokalorien |
| kJ | = | Kilojoule |
| BE | = | Broteinheiten |

Bei den Nährwertangaben in den Rezepten handelt es sich um auf- bzw. abgerundete ganze Werte. Lediglich die Broteinheiten werden in 0,5er-Schritten mit einer Stelle nach dem Komma angegeben. Aufgrund von ständigen Rohstoffschwankungen und/oder Rezepturveränderungen bei Lebensmitteln kann es zu Abweichungen kommen. Die Nährwertangaben dienen daher lediglich Ihrer Orientierung und eignen sich nur bedingt für die Berechnung eines Diätplans, zum Beispiel bei Krankheiten wie Diabetes. Bei krankheitsbedingten Diäten richten Sie sich daher bitte nach den Anweisungen Ihres Diätassistenten bzw. Ihres Arztes.

## ALLGEMEINE HINWEISE ZU DEN REZEPTEN

Lesen Sie bitte vor der Zubereitung – besser noch vor dem Einkauf – das Rezept einmal vollständig durch. Oft werden Arbeitsabläufe oder -zusammenhänge dann klarer. Für einige Rezepte werden die Bleche mit dem Backpapier auf eine kleinere Fläche begrenzt. Sie können stattdessen auch einen Backrahmen verwenden.
Die Zutaten sind in der Reihenfolge ihrer Verarbeitung aufgeführt.
Die Arbeitsschritte sind einzeln hervorgehoben, in der Reihenfolge, in der sie von uns ausprobiert wurden.

## ZUBEREITUNGSZEITEN

Die Zubereitungszeit ist ein Anhaltswert für die Dauer der Vorbereitung und die eigentliche Zubereitung. Längere Wartezeiten wie Kühl- oder Abkühlzeiten, Auftau- und Durchziehzeiten sind, sofern parallel keine weitere Tätigkeit erfolgt, nicht in der Zubereitungszeit enthalten. Die Backzeiten werden gesondert ausgewiesen.

## BACKOFENEINSTELLUNG UND BACKZEITEN

Die in den Rezepten angegebenen Backtemperaturen und Backzeiten sind Richtwerte, die je nach individueller Hitzeleistung Ihres Backofens über- oder unterschritten werden können. Machen Sie nach Beendigung der angegebenen Backzeit eine Garprobe.

Die Temperaturangaben in diesem Buch beziehen sich auf Elektrobacköfen. Die Temperatureinstellungsmöglichkeiten für Gasbacköfen variieren je nach Hersteller, sodass wir keine allgemeingültigen Angaben machen können. Bitte beachten Sie deshalb bei der Einstellung des Backofens die Gebrauchsanleitung des Herstellers. Ein Backofenthermometer eignet sich dabei gut, um die Backofentemperatur im Blick zu haben.

## EINSCHUBHÖHE

Backbleche werden im Allgemeinen auf die mittlere Einschubleiste geschoben. Abweichungen sind möglich und von der Ausführung Ihres Backofens abhängig. Beachten Sie daher auch die Angaben Ihres Herstellers.

## NUR FRISCHE EIER VERWENDEN

Bei der Zubereitung von Biskuitrollen oder Biskuitrollenfüllungen mit frischen Eiern, die später nicht gebacken werden, nur Eier verwenden, die nicht älter als 5 Tage sind (Legedatum beachten!). Ei bzw. Eier in eine Rühr- oder Edelstahlschüssel geben und im heißen Wasserbad mit einem Mixer (Rührstäbe) bei mittlerer Hitze aufschlagen, bis eine Temperatur von etwa 70 °C entstanden ist. Die Biskuitrollen im Kühlschrank aufbewahren und innerhalb von 24 Stunden verzehren.

# Kapitelregister

# Alphabetisches Register

Für Fragen, Vorschläge oder Anregungen stehen Ihnen der Verbraucherservice der Dr. Oetker Versuchsküche Telefon: 0 08 00 71 72 73 74 Mo.–Fr. 8:00–18:00 Uhr, Sa. 9:00–15:00 Uhr (gebührenfrei in Deutschland) oder die Mitarbeiter des Dr. Oetker Verlages Telefon: +49 (0) 521 5206 50 Mo.–Fr. 9:00–15:00 Uhr zur Verfügung. Schreiben Sie uns: Dr. Oetker Verlag KG, Am Bach 11, 33602 Bielefeld oder besuchen Sie uns im Internet unter www.oetker-verlag.de, www.facebook.com/Dr.OetkerVerlag oder www.oetker.de.

**Umwelthinweis:** Dieses Buch und der Einband wurden auf chlorfrei gebleichtem Papier gedruckt. Die Einschrumpffolie – zum Schutz vor Verschmutzung – ist aus umweltfreundlichem und recyclingfähigem PE-Material.



**Redaktion:** Carola Reich, Annette Riesenberg

**Titelfoto:** Thomas Diercks, Hamburg
**Innenfotos:** Walter Cimbal, Hamburg (S. 9, 25, 57, 69)
Fotostudio Diercks (Thomas Diercks, Kai Boxhammer, Christiane Krüger), Hamburg (S. 5, 7, 10, 11, 13, 17, 23, 27, 29, 31, 33, 37, 41, 43, 45, 47, 49, 51, 53, 59, 63, 65, 71, 73, 77, 81, 85)
Dr. Oetker Versuchsküche, Bielefeld (S. 19, 75, 89)
Ulli Hartmann, Halle/Westf. (S. 21)
Antje Plewinski, Berlin (S. 55)
Axel Struwe, Bielefeld (S. 15, 35, 39, 61, 79, 83, 91)
Brigitte Wegner, Bielefeld (S. 87)
Brigitte Werner, Hamburg (S. 67)

**Rezeptentwicklung und -beratung:** Eike Upmeier-Lorenz, Hamburg
**Nährwertberechnungen:** Nutri Service, Hennef

**Wir danken für die freundliche**
**Unterstützung:** Coca-Cola, Berlin
MARS, Viersen
Hosta, Stimpfach-Randenweiler

**Grafisches Konzept und Satz:** kontur:design, Bielefeld
**Titelgestaltung:** küstenwerber, Hamburg
**Reproduktionen:** d&d digital data medien GmbH, Bad Oeynhausen
**Druck und Bindung:** Firmengruppe APPL, aprinta druck, Wemding



**ISBN:** 978-3-7670-0884-7